生活文化史選書

易と日本人

その歴史と思想

服部龍太郎 著

目次

とびらのカット
文字が刻されてある亀甲、安陽県小屯の出土品で殷後期のもの。（台北・中央研究院所蔵）

易はどこからきたか

易という行為――アストロロジー――カルデアの末裔――ラクーペリの説――男女の関心度の比較――交通安全の護符――大安吉日――観象授時――黄道十二宮――ホロスコープ――二十四気――四立二分二至――易と占星術――甲骨文――殷墟の卜占――郭沫若の研究――暦法と十干・十二支――九気術――四柱推命――洛食――周易六十四卦――アッチラの占い――世界最初のモンゴル旅行記『穆天子伝』――チンギス・ハンとシャマニズム――コズロフの探検記――ハスルントとオーレン・ラマの占術――鳥居龍蔵夫人の目撃した古式骨占い――上代日本の太占――『魏志』倭人伝の記録――東歌の中のフトマニ――新羅出征と卜部氏――壱岐の保都手――伴信友の『正卜考』――鹿島神宮の鹿占い――貫前神社の卜鹿神事――『弥彦伝』と『亀卜大事』――太占箱――『対馬亀卜伝』――伊勢貞丈の記録

東洋人に好まれる易

易学の大古典である『易経』がつくられる以前から、人間の営みのなかには、易という行為のあったことはハッキリしている。その営みが原始的であればあるほど、また素朴であればあるほど、ひとつの行動をおこそうとするに先だって、それが間違っていないかどうかについて指針を求めることが多かった。たとえば近隣の敵陣を攻めようとするばあい、攻撃発進の日時を占うことがあったし、また家畜などが逃亡したとき、それをどっちの方角にむかって捜したらよいか、などと占うこともあった。

こんなぐあいに、是非・吉凶の判断を占いによってくだすという傾向は、西欧人よりも東洋人に多くみられた。これは民族的なテンペラメント（気質）の相違によるものであって、万事ものごとを合理的・科学的にわりきって考えようとする西洋人は、神秘的な占いなどは信じようとしない。

もちろん西洋にも、古くからアストロロジー（占星術・星占い）というものがあり、紀元前すでにギリシャ人はエジプトから占星術を学んで用いていた。そのエジプトは、それをバビロニアから得ていたのであって、バビロニアはつまりカルデア人の築いた帝国にほかならなかった。

カルデア人は彼らが古くから「東洋の賢者」と称されたことでもわかるように、ヨーロッパにありながら東洋的な血の濃い種族であって、その種族が占星術をあみだしたのである。今でもヨーロッパやアメリカの各地で星占いをして、ほそぼそと生計を立てているような売卜者《ばいぼくしゃ》たちは、自分を「カルデア人の末裔なり」と誇称するものが多いといわれる。

ところで、中国の易は、バビロニアから来たものであるという説をたてたひとがいる。しかも、それは東洋人でなく、フランス人の中国学者テリアン・ド・ラクーペリ（一八四五―九四）というひとであった。

ラクーペリはル・アーヴルの生まれだったが、のちにイギリスへ帰化して、大英博物館のシナ貨幣目録を作るかたわら、上代中国文化をふかく研究した。そして「上代中国は、バビロニア文化とつながりがある」という意見をだしたのである。

ラクーペリの説を要約すると、だいたいこんなことになる。――バビロニア、アッシリアのカルデア文字は、いわゆる楔形《せっけい》文字で、いずれも字画が楔《くさび》のような形をしているが、中国トルキスタンの古代文字も同じような楔形であった。そのことから考えると、カルデア文字が西方アジアに移入されて、易のさいしょの文字、すなわち卦《け》となったにちがいない。そしてその易の上代文字に解釈をつけて、それを周代の文字に書きあらわしたのが、文王・周公などであったというのである。

カルデア文字が楔形になっているのは、粘土板のうえに細いヘラを押しつけて記すので、一本一本の字画が楔のような形になっており、それが棒をいくつもならべたような易の卦に似ていることを指摘したものだろう。

しかし、カルデア文字がつかわれていたバビロニアと、易の発生地とみられる西北部中国とのあいだで、上代において文字の交流があったとは考えられない。ラクーペリの説は奇抜なおもいつきではあるが、東西にまたがる涯しない不毛の砂漠が越えがたい存在であったことを無視しての議論である。この砂漠と荒野が、紀元前四世紀に東方遠征をしたアレクサンドロス大王さえも越えられなかったことから考えて、文物の交流はそれ以前にはあり得なかったはずである。

東洋人が易に興味をもち、西洋人が興味をもたないのは、テンペラメントの相違によるものだとまえに書いたが、同じ東洋人のなかでも興味をもつひとと、もたないひとがある。われわれの周囲を見わたしても、万事のなりゆきを道理でわりきって考えるひとがある一方、目に見えないところに超科学的なはたらきのあることを信じるひとがある。

また男女を比較してみると、女性のほうが男性よりもはるかに易のようなものに対する興味はふかい。女性には心霊的な要素が多くて、神秘的なものへの嗜好がつよいけれども、男性は現実的で、物質的なことがらへの関心がつよいからである。とはいっても、ずば抜けてすぐれた霊感者とか霊媒のたぐいになると、それは男性にかぎられるようである。

いずれにせよ、概して西洋人は分析的・論理的な考え方を好むが、それに反して東洋人は直感的な素質にとみ、心霊的なものに対する興味がつよいのであって、そのことはわれわれの日常生活のなかにも、しばしばあらわれている。

機械文明のまん中を走っているタクシーが、交通安全を祈るために成田山のお札をフロントにぶらさげていることはよく見かけるし、何千トンもある大きい汽船が、船内に神棚を設けて、海上の守り神八幡さまとか熊野神社の護符をおさめていることもある。また週刊誌のなかには部数をのばすために、どうしても運勢占いの欄をもうけねばならないのもある。

もっと根づよい迷信には、大安を婚礼の吉日とし、仏滅をきらうことなどは周知のとおりだ。これらに類することは日本人の風習や行事のなかにいくらも見られるのであって、それは超科学的なものへつよく惹きつけられる資質が日本人にあることの証明になろう。

星占いを認めなかったキリスト教

中国には古くから「観象授時」ということばがあった。それは〝天体の現象を観測して、民に暦時を授けること〟で、古い時代の天子なり天文学者のつとめとされていた。

易や占いは、いつどうなるか、いつどうすればよいか、などの判断を求めるものだから、つねに時日の観念がともなっている。したがって易にさきだって、まず天文学が発達しなければならなかった。それには、まず天体の運行を観測し、それを地上の出来ごとに結びつけて考え、その経験の積み重ねが何千年にもおよんで、はじめてうらないをするということが生まれたのである。

占星術をあみだしたバビロニアは、紀元前四千年もの太古に、チグリス、ユーフラテス河流域のメソポタミア平原にバビロンの都をつくった国である。一方、中国文化は紀元前およそ二千年ごろから始まっているが、バビロニアはそれより二千年もふるい先進国であった。したがって天文学の発達も、それだけ早かったといえる。

天文学の発達したバビロニアでは、「黄道十二宮」というものがきめられた。黄道とは、太陽が一年間に天球上にまわる軌道のことだから、それを十二等分することによって黄道十二宮をもうけることができるわけだ。

黄道十二宮にはそれぞれ次のような名前がつけられている。

——白羊（ひつじ）、金牛（うし）、双女（ふたご）、巨蟹（かに）、獅子（しし）、室女（おとめ）、天秤（てんびん）、天蝎（さそり）、人馬（いて）、摩羯（やぎ）、宝瓶（みずがめ）、双魚（うを）。

われわれは少年時代に舶来の地球儀を見て、ふしぎな感じをいだいたことをおもいだすひともあるだろう。そこには、さそりのような薄きみのわるいもののそばに、おとめがえがかれてあったり、そうかとおもうと機械的なハカリの図があったりした。実は、それが黄道十二宮を図で示したものであったのだ。

西洋の占星術によると、人間の運勢は、受胎もしくは誕生したときの太陽の位置と、それを取りまく遊星の動きによって、すべて決定されるという考えである。そこで十二宮のうえに人の生まれた時間と遊星間の位置を加えて表示したものに、ホロスコープ（占星表）というものがある。この表によれば、いっさいの運勢から死ぬ時刻までも、予言できるということになる。

バビロニアの占星表は、もちろん楔形文字で書かれたものであって、粘土板にそういう文字を書いた占星表がいくつか現存しており、古いのでは紀元前四一〇年と推定されるものが発見されたこともある。

黄道を等分するということは、中国でも古代からおこなわれた。ただし、バビロニアは十二等分することによって十二宮としたが、中国ではさらに細分して二十四とし、それを「二十四気」と呼んだ。

いいかえると十二宮では、一年間の黄道上における太陽の位置が、三十度ずつの間隔になっているが、二十四気では十五度の間隔になっている。もっとも、古代の中国では黄道上でなく、赤道上の二十四分点を採用したものということだが、いずれにしてもこんにちでは『前漢書律暦志』（漢志）に記された名称がそのまま用いられている。

それを立春（新暦の二月）から順にあげると次のようになっている。

立春、雨水、啓蟄《けいちつ》、春分、清明、穀雨、立夏、小満、芒種《ぼうしゅ》、夏至《げし》、小暑、大暑、立秋、処暑、白露、秋分、寒露、霜降、立冬、小雪、大雪、冬至、小寒、大寒。

このうち立春、立夏、立秋、立冬を四立といい、春分、夏至、秋分、冬至を二分二至といっている。夏至は一年じゅうで昼が最もながく、夜の短い日、冬至がその反対であることは誰しも知るところ。また啓蟄は驚蟄ともいわれ、蟄居《ちっきょ》していた虫も驚いて走り出る季節、穀雨は雨によって百穀の生じる季節といったぐあいに、みんな意味のはっきりしたことばである。

これらの名称は、一つ一つが季節の動きをよくとらえており、しかも一年間の黄道三百六十度を二十四等分したものであるから、迷信でもなんでもなく、天文学上の正しい用語とみてさしつかえないのである。とはいっても、二十四気の名称は旧暦によるものだから、旧暦の一月一日は、新暦でいうとだいたい二月四日になっており、したがって立春もその日からになる。

月の節替わりは、年によって一日、二日の前後することはあっても、およそ次のようになっている。

一月は六日から小寒、二月は四日から立春、三月は六日から啓蟄、四月は五日から清明、五月は六日から立夏、六月は六日から芒種、七月は七日から小暑、八月は八日から立秋、九月は八日から白露、十月は九日から寒露、十一月は八日から立秋、十二月は七日から大雪、の節替わりとなっている。

したがって年ごとの十干、十二支、九気の替わりめも二月四日であって、新暦の一月一日から十干、十二支、九気が替わるのではない。

建国の古さからいうと、バビロニアのほうが中国より二千年も古いけれども、易を歴史的にみると中国のほうがはるかに先輩である。すなわち中国では、紀元前一千年にまでさかのぼる殷の時代の甲骨文がおびただしく発掘されており、しかも紀元前の周時代には、すでに易がほぼ完成されていたのに、一方では、カルデア文字を粘土板に書いた占星表は、紀元前三世紀のものが六枚、紀元前四一〇年と推定されるものがわずか一枚発見されているにすぎない。のみならず、中国の易が千年以上の年数をかけて、ますます深さと経験を積み重ねていったのにひきかえ、占星術は少しも進歩しなかった。というのは、西欧の諸国がキリスト教国だったからである。人間の存在を宿命的・運命的にみようとする占星術が、キリスト教の思想と相容れないのは当然で、占星術は宗教の敵とまで考えられた。なにごとも神の摂理によるものと考えるキリスト教が占星術を許さなかったばかりでなく、まずさいしょに占星術への攻撃を加えたのは、ギリシャ人であった。すなわち、プラトンの弟子であるエウドクソスはいった。

「誕生日をもとにして個人の人生を予言するようなカルデア人は、まったく信用できない」と。

この点でも、また易を認めようとする東洋人と、それに反発する西洋人とのあいだでは、体質的な相違があるようにおもわれる。

殷の甲骨文のナゾ

周代の易、つまり周易が成立したのは紀元前一千年のころであったが、それより約四百年前の殷の時代に、すでに易がおこなわれていたことがあきらかにされている。それは殷の甲骨文が発掘されたからである。

甲骨文とは、亀甲《きっこう》や牛の肩胛骨《けんこうこつ》に刻まれた文字のことで、それは殷代の、おもに帝王たちがうらないをした名残りである。したがって甲骨文は、軍の行動、祭りごと、農作の成否、晴雨、病状などにかんするものが多く、つまり卜辞《ぼくじ》にほかならない。

卜辞を細めに刻んだ亀甲の裏がわから、木片を燃やしてあたためると、縦横にひびわれて亀裂を生じる。その亀裂した線のぐあいによって吉凶をうらなったものである。しかし、どういう線が吉で、どういう線になったときが凶であるかはわかっていない。

甲骨文は三千数百年前という上古のものであるにもかかわらず、それが実際に発見されて研究に着手されだしたのは、やっと一九〇〇年代の今世紀に入ってからである。

発見の端緒となった動機がまた偶然のことで、一八九九年、劉鶚《りゅうがく》という北京の学者が薬種商にいって薬用の竜骨を買ったところ、めずらしい文字がその骨に刻まれてあるのに気づいた。それから骨の出所を調べてみると、河南省の安陽市に近い小屯《しょうとん》村から発掘したことがわかり、その付近こそ、殷が安陽を都として最盛期を誇っていたころの跡、すなわち殷墟《いんきょ》であることをつきとめることができた。

安陽の殷墟を発掘する国家的な事業は、一九二八年から中国国民党政府が金石学者（青銅器などに刻まれた銘文や文字の研究者）を動員しておこなわれた。その発掘は断続的に一九三七年までされたが、日中戦争のために打ちきられ、一九四九年に国民党政府が台湾へ移ると同時に、発掘品の大部分はそこへ搬出された。

殷墟文字の研究に生涯をささげていた中国学者、董作賓《とうさくひん》が晩年の生活を台湾で送ったのはそのためであり、この人は一九六三年、六十九歳で死去したが、こんにち甲骨文の解読ができて、殷代の卜占《ぼくせん》をうかがい知ることができるようになったのは、この老学者の労に負うところが多い。

もちろん中華人民共和国になってからも、殷文化の研究はさらにつづけられ、いくつかの遺跡が安陽以外でもあらたに発掘され、いまさらながら殷王朝の偉容に驚かされることになった。戦前、日本に亡命していたことでとくになじみのある郭沫若《かくまつじゃく》も甲骨文の研究家として知られ、このひとの著作は早くからわが国に読者をもっていた。

郭沫若の著作で注目すべきものは『中国古代社会研究』であって、これにより古代中国の社会構造はあたらしい角度から脚光をあびることになった。その要旨は、あくまでも唯物史観の立場から易を批判しようとしているが、中華人民共和国の要人でもある郭沫若としては当然のことだろう。甲骨文の研究がさかんになるにつれ、わが国でも貝塚茂樹、伊藤道治の諸氏が、これに再検討をくわえるようになった。

殷以前の夏《か》の時代が十七世四百三十二年間といわれるのに対し、殷は三十六世六百二十九年間という数字があげられていた。近年の研究によると、この数字はまちがっているようだが、あらまし六世紀のながきにわたる殷王朝のあったことは史実である。

殷の時代がながかっただけに、殷墟から出土した発掘物も、近年はますますその数を増し、断片的な甲骨まで加えると十万個にもおよび、中には大きい亀甲が原形のまま数枚も見つかり、甲骨文の解読には得難い資料となった。

邦訳された甲骨文のうち、いくつかのわかりやすいものをあげると次のようなのがある。

「丁丑の日に卜《うらな》い、賓《ひん》が貞《と》う、年を受くるか」（丁丑《ひのとうし》の日に、貞人《ていじん》、すなわち卜師《うらないし》の賓が、豊作かどうかをトう）

「甲申の日にトい、何が貞う、今夕にわざわい亡《な》きか」（何は、このトいをする貞人の名）

「庚申の日にトい、永が貞う、河が雨にたたりせるか」（ここでは永というのが貞入）

「乙巳の日にトい、賓が貞う、河に舞せんか」（農耕者にとって雨乞いの必要だったことが、この二件で察せられる）

「壬辰の日にトう、方それ見と可とをうたんか」（「方」という氏族が、「見」と「可」の氏族を討伐するにいたるだろうかとのトい）

ここにあげた数例によってもわかるように、まずうらないをたてる日を干支で示し、それにつづいて貞人の名をあげるのが一つの型になっている。そして最も注目したいことは、殷の時代すでに十干、十二支がこれほどまでに重用されていたことである。

これから察して殷の時代には、すでに暦法がかなり備わっていたにちがいない。のみならず、殷王室の系図をみると、初代の帝嚳《ていこく》から八代目の王亥《おうがい》までは神話的な存在とされているが、第九代の上甲から以降は、王の名前にかならず十干の一つをとって付け加えるのが特色になっている。

なぜ帝嚳から王亥までは、その名前に十干をとりあげることなく、上甲以降だけにそれをとりあげたのか、その理由はわからない。十干・十二支の作られたのが黄帝の時代だったというのは伝説であって、もしかしたら実際に干支がつかわれだしたのは殷の時代からということも考えられなくはない。いずれにしても、殷の時代にはすでに干支が暦のうえに重要だったことは、前記の甲骨文にはっきりしている。

王名につけられている十干は、その王が生まれた年、もしくは生まれた日の十干にほかならないのであって、誕生日の十干がそのひとの運命を支配するという考え方がそこにはあったようである。たとえば上甲という王を祭るには甲の日、報乙という王を祭るには乙の日というようにきめられていた。

誕生日によって運命が左右されるという考え方は、すでに殷代からあったが、その考え方は後世にますます定着していって、十干・十二支のみならず、九気すなわち一白、二黒、三碧、四緑、五黄、六白、七赤、八白、九紫もまたそれぞれそのひとの運気を左右するものと考えられるようになった。九気術や四柱推命術は、それを根拠にしたものである。

占いを考えだしたのは誰か

周以前の易では、殷墟から発掘された甲骨でわかるように、牛などの肩胛骨や亀甲をやいて占う方法が、もっぱらおこなわれていた。具体的にはどんな方法だったのだろうか。

それについて、いくらか手がかりになることが『尚書』の洛誥《らくこう》篇のなかに書かれている。

「洛師《らくし》に至る。我れ河朔《かさく》の黎水《れいすい》に卜《ぼく》す。我れ乃《すなわ》ち澗水《かんすい》の東、瀍水《てんすい》の西を卜し、惟《こ》れ洛食《らくしょく》す」

とあるのがそれだ。

洛食というのは、亀甲をやくことによってあらわれた亀裂のうえに墨をぬると、そのさけめに墨がのこって、筋がはっきりと見えてくる、そのことである。

さらにこれを説明して、孔安国は次のようにいっている。

「卜するには必ず先ず墨もて亀を画《き》し、然るのち之を灼き、兆に順《したが》って墨を食す」

これによってみると、やくまえにあらかじめ亀に画するのであって、その画するものは卜という象形であった。卜という字はこれから始まったものとおもわれる。またこのふしぎな形をした象形は、兆ともいい、ときには町（ちょう）とも呼んでいる。おそらく町の字体に似ているからだろう。

前記の洛誥篇は、その全篇を通じて洛邑、すなわち王城のできたことを周公が成王に告げるものであって、その前後のいきさつを対話ふうに述べている。しかも朔（北方）には黎水があり、東には澗水、西には瀍水のある土地を卜して洛師に至ったとあって、そういう土地がらを選んで王城の地にしたというのである。その方位を北にあてはめると上図のようになる。

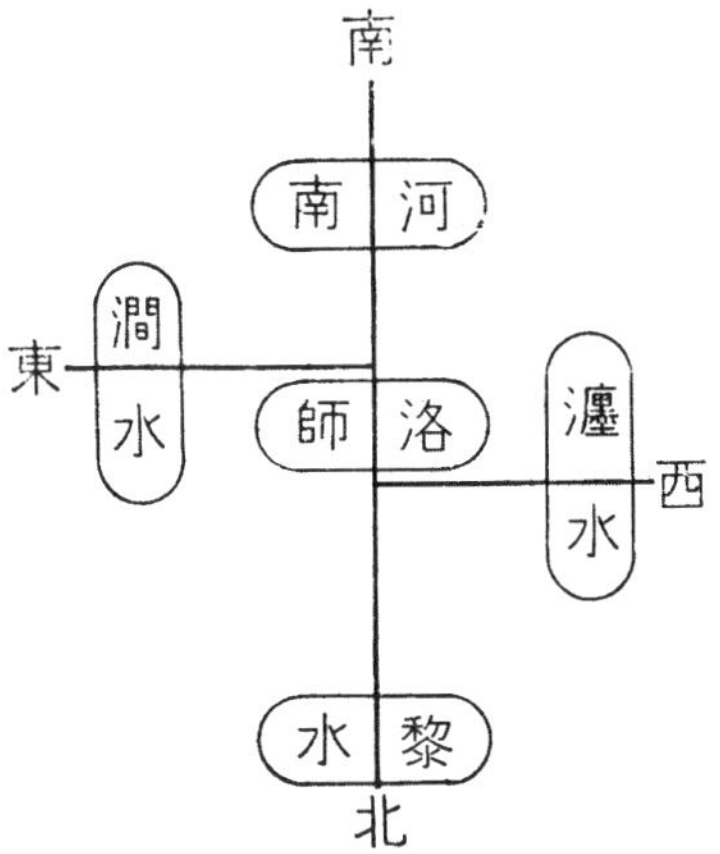

この図によってもわかるように、東を澗水、西を瀍水、北を黎水、南を河南、中央を洛師と呼ぶことによって、五つの方位をあらわしている。

こうした甲骨の発掘される殷墟は、いずれも海から遠く離れた内陸部に限られている。殷の勢力圏が華北平原の大部分を占め、西方は山西省あたりに及んでいたが、東方の海岸線へは進出していなかったからである。

殷を滅ぼした周は、殷よりもさらに西方の奥地を根拠にしていた。『易経』の升卦に「王用て岐山に亨す」とあるその岐山は、周の領土内にあり、黄河の支流のなかでいちばん西にある渭水のそのまた上流に位していた。その場所は陝西省でも西端にちかく、甘粛省に接しているほどの奥地である。

周易では、六十四卦によって森羅万象のいっさいを示すといっているが、その森羅万象のなかで、ただ一つ、海にだけは言及していない。大河は坎によって、沼沢のような水たまりは兌によってあらわされるが、海という無視することのできない存在に、易はなにもふれていない。それは、易を考えた民族が中国大陸の内陸部に住み、海洋に接していなかったからにちがいない。

周は、そんな西方の内陸部から発達した国であって、その勢力が渤海湾にのぞむ山東省まで伸びたのは、半世紀もたったずっと後のことであった。

したがって、牛の肩胛骨などをやいてうらなう方法は、もっぱら西方の内陸部に住む人たちのあいだでおこなわれていた。いいかえると、易の発祥にあずかったのは漢民族ではなく、それ以前の種族だったということになる。

われわれは概念的にいって、中国人のことを漢民族と呼んでいるが、厳密にいえば、殷・周以後、漢の時代になってからの中国を漢と呼ぶべきである。しかし、よしんば殷・周の時代をも含めて漢民族と呼んだとしても、易の発生はさらにそれ以前のことであったのだ。したがって、漢民族は周易の完成者でこそあれ、易そのものの創始者ではないのである。

では、それ以前に易を考えたのは誰であったのか。殷よりも西方の周、周よりも西方へと尋ねていくならば、そこはオルドスからゴビへとつづくモンゴルの土地にきてしまう。そしてこのあたりこそ、易の発生地だったとみてよさそうだ。

みてよさそうだとはいっても、それを証明する文献はなにものこっていない。第一、モンゴルの上代にかんする記録そのものが、皆無に等しいのである。

太古の記録をのこした『尚書』や『史記』に、モンゴルとおもわれる個所がでてきはするが、それをそのまま歴史的事実と認めるわけにはいかない。モンゴルにかんして、世界最古の記録とおもわれるものは、さらに古いところの殷代の甲骨文にあるようだ。

解読した甲骨文の一例によると「貞《と》う、𢀛方を伐《う》つことなかりき、帝が我に祐《たすけ》を授けざらんか」などとあり、𢀛方とはなんと読むのか字音さえもわからないが、おそらく今のモンゴルをさしたものと考えられている。また𢀛方のほかに「土方」というのもあり、それらの「方」は「邦」すなわち国という意味のものであった。

殷には、その北方から西北にかけて二、三の属領があり、それらの属領は、さらに西北方の外敵から襲撃されることがあって、そのたびごと殷に救援を求めてきた。

その救援の急報が殷朝にとどくまでの日数から推して、土方はいまの内蒙古・包頭《パオトウ》付近にあたり、𢀛方はさらにその西方奥地にいた種族とされており、前記の甲骨文はその間の事情をさしている。

殷代にあったと同じような獣骨をやくうらないは、古代モンゴルでもおこなわれていた。その証拠として四世紀のころ、モンゴルからヨーロッパへ移動して侵入した匈奴《きょうど》（フン）の王アッチラが、そういううらないをして西欧人の注目をひいたということが伝えられている。

神秘的なモンゴルの骨占い

モンゴルにラマ教が普及したのは清朝時代になってからで、それ以前のモンゴル人はふかくシャマニズムに帰依していた。

古代モンゴルのシャマニズムについては、『穆《ぼく》天子伝』のなかにもその記録がでてくる。この文献は周朝五代目の穆王（前九二〇―八四七）が匈奴と交易する目的で大遠征をしたときの記録とされている。

この文献にかんしては異説もあって、作者不明のフィクションだとする意見もあるが、また一部の人はこれを世界で最初のモンゴル旅行記だとしている。

それによると『穆天子伝』は周朝十八代目の襄王（前三一八―二九七）の陵墓から発掘された古文書で、晋の咸寧《かんねい》元年（二七五年）、汲県（いまの河南省汲県のやや西南）にあった襄王の古墳を盗掘した者の手によって、はからずも発見された。

心なき者のしわざだったので、竹簡の一部は薪にしてもやされてしまったが、難を免れた分量だけでも七十五篇、十余万言におよび、その膨大な竹簡は、ただちに官府へ押収されることになった。竹簡のうえには漆をもって古文が書かれており、それを晋朝の中書監、荀勗《じゅんきょく》が、黄紙のうえに隷字をもって写しなおし、さらにその時代の学者郭璞《かくぼく》が註釈を加えたというのである。

『穆天子伝』の内容について真疑はともかくとして、モンゴル途上の穆王が、陰山山脈の山中で柏夭（パヤン）と会見し、その柏夭から遠征の吉凶を神託によって告げられるという一節がある。

柏夭というのは、神がかりの状態になって占いをするシャーマンで、モンゴルでは太古の時代からこの種のものがあったことを物語っている。

元朝を樹立したチンギス・ハンも、シャマニズムを奉じていた。この英雄はゴビの砂漠から突如あらわれて旋風を巻きおこしたようにおもわれがちだが、じっさいはそうでなく、外モンゴルの種族のあいだでしだいに勢力をのばし、慎重に征服をかさねていったのである。

『元史』の一節には「太祖また羊の胛骨《かたぼね》を灼き、以てこれに符《あわせ》て、然る後に行う」と書かれてある。太祖というのはチンギス・ハンのことで、彼は軍の行動をおこすにさきだって、羊の肩胛骨をやいてうらなったというのである。

軍を進めることに慎重であったテムジン、すなわちチンギス・ハンは、部下の人選にも慎重であった。西アジアの遠征にさいしては、詩人の占星師耶律楚材《やりつそざい》を伴っていった。耶律楚材は遼の王族の子孫で、父の代に遼が滅んでから金に仕える法僧となったが、禅の奥義をきわめた人柄が認められてハンの側近に仕えるようになっていた。

ずっと新しい清の時代になっても、モンゴル人のあいだでは甲骨による骨占いの風習がなおのこっていた。十九世紀末から二十世紀初頭にかけて、モンゴルはヨーロッパ各国の探険家が多数おしかけてくる舞台となり、それら探険家の記録にはモンゴル人の骨占いをじっさいに見たことがしばしば記されている。

たとえば一九〇七年、ロシアの探険家コズロフが廃都ハラホトを訪ねて、土地の旧家トルグート侯と会見したとき、侯はコズロフ探険隊のおこなう発掘作業が成功するかどうかをうらなうために、コズロフの見ているまえで、大昔からのしきたりにしたがって羊の肩胛骨をやき、そのひびの入りぐあいをみて、吉なりと予言した。

このばあいは牛の骨でなく、羊の骨を用いているが、すべてモンゴルでは羊の骨を用いるのがならわしになっていたのである。

概して西洋の探険家は、骨占いの場面を見ても、さほどくわしい記録はしていないが、ただひとり、デンマークの探険家ハスルントはくわしいようすを書いている。

ヘンニンヒ・ハスルント（一八九六―一九四八）は、一九二七年にスウェン・ヘディンの組織した西北科学考査団に参加して活躍し、さらにそのごモンゴル民謡の大コレクションを独自でなしとげた探険家であるが、それより以前の一九二三年、士官学校時代の同窓生クレブス兄弟とともに内モンゴルの奥地へ移住しようとして出かけた経験の持ち主である。

張家口からずっと奥にはいって、キアークトという土地にきてキャンプ生活をしていると、ある日のこと、従者のモンゴル人バーテルはふしぎな人物を客人として連れてきた。からだはひどくやせて小柄であったが、あごには山羊ひげを長くはやしていた。としの頃はさだかでないが、さほどの年寄りでもなさそうだった。

部屋にはいってくると、あたりを鋭い目つきで見まわし、それはまるで用心ぶかい野獣の目のようであった。ひとくとおり部屋のようすをさぐってから、こんどはハスルントのほうを見たが、そのときの目はもう柔和になっていて、口もとには微笑さえうかんでいた。

バーテルは客人をハスルントへ紹介するのに、「ラマです」といっただけで、あとは何もいわなかった。客人が炉辺にすわったとき、ハスルントが「お名前は?」といってたずねると、名前は答えずに「あっちの山に住んでいます」というだけであった。どう見てもラマ僧らしくはなかったが、ハスルントはこの人を「オーレン・ラマ」(山から来たラマ)と呼ぶことにした。

夜になると、炉辺は沈黙がちであった。ハスルントはあすの早朝から狩猟に出かけるので、しきりにライフル銃の手入れをしていた。

夜もふけたとき、突然、オーレン・ラマはバーテルに手をさしだして、羊の肩胛骨がほしいといった。その骨を受けとると、すぐに炉の火のなかにくべて、それをやいた。

骨をやいて生じる裂け目によってうらないをする方法は、古くからモンゴルでおこなわれているとおりのものだった。

その結果、オーレン・ラマは、こういううらないをした。――あすの朝、峡谷にいくと三頭の小鹿が全速力で走りながら道ばたに出てくるが、その小鹿には二発の弾をうっても当たらない。それから深いくさむらの中を進んでいくと、そこにいる大きい雄鹿は、一発で射止められる。しかしその一発の音におどろいて、ほかの鹿は逃げてしまうから、あと三日間はなんの獲物もえられない。

翌朝ハスルントが銃を肩にして出かけると、はたしてうらないのとおり、さいしょ見つけた三頭の小鹿は二発の弾でとり逃がし、つぎの一発では大きい鹿を射止めることができた。あまりに大きい鹿なのでもてあましていると、そこへバーテルが猟ぶくろを持って迎えにやってきた。しかもそれは獲物がきっと大きすぎるから、手つだいに行きなさいとオーレン・ラマに命じられてきたのであった。うらないがまったく的中したので、ハスルントはさすがに驚いた。

その晩になると、バーテルは炉に残っていたたきおとしと、ふるい灰をすてて、もう一度あたらしく火をおこした。オーレン・ラマは二時間ほど、チベット語らしい文句で読経をつづけていたが、九時になるとバーテルに命じて、あたらしい肩胛骨を持ちださせた。それから前と同じような方法で骨やきのうらないをもう一度おこなった。骨のさけ目をじっと見つめていたラマは、つと立ちあがり、戸口をあけて外に出ていった。戸口があけ放しになったので、夜のつめたい外気が部屋に流れこんできて、夜空のきらめくような星さえ見えた。

炉辺にもどったラマとハスルントのあいだには、しばらく沈黙がつづいたが、ハスルントは待ちきれなくなって「どういううらないですか」とたずねた。

静かではあるが、しっかりした口調で答えが返ってきた。――夜明けごろから吹雪になります。その吹雪は三日三晩つづくはずです。

雲ひとつない星空が吹雪に変わろうとは考えられなかった。それに今は吹雪などめったにない季節であった。ところが翌朝、目のさめたときは、もう吹雪になっていた。そしてオーレン・ラマはどこかに行ってしまい、姿はもう見えなかったというのである。

このエピソードは、科学的に訓練された西欧人の探険家が経験して記録したものであるだけに、きわめて興味をそそられる。

ロシアの探険家コズロフがモンゴル入りをしたのと同じ年の一九〇七年（明治四十年）に、日本人では考古学者の鳥居龍蔵（一八七〇―一九五三）が夫人同伴で内モンゴルの踏査をしているが、その鳥居夫妻が外モンゴルの国境に近いバインチャガンという辺鄙な村に宿泊したとき、はからずも古式の骨占いを目撃することができた。

鳥居夫人はそのときのようすを、次のように書きとめている。

「今日出発する前に、宿で家の主人が骨占いをしているのを見ました。それは、羊の右の肩の骨を、囲炉裡の牛糞火がさかんに燃えているその火の上に、骨がちょうどバチのような形をしている平らな面を火の上に置きます。全部焼けたとき取り出して、これをさますと同時に骨の面の上にさけ目が、自然にあらわれてまいります。それをそっとして崩れないように注意しながら、自分の今すわっている方角から判断するので、上が北とはきまっていません。

この家では昨晩から馬が一頭どこかに遠く走ってしまって帰らないので、たいへん心配していました。今朝は早くから骨占いによって、その方角へ若者に馬を駈けさせて探しにだしていました。

これまでモンゴルグル（パオのこと）に入ったとき、おりおり仏壇のそばに骨の置いてあるのを見かけました。またときにはテントの内側の紐などに挿し込んであることもありました。何の骨で、何に使うかも疑ってみませんでしたが、今日これを見ましてはじめて骨占いであることを知り、羊の右の肩の骨であることも聞いて知りました」

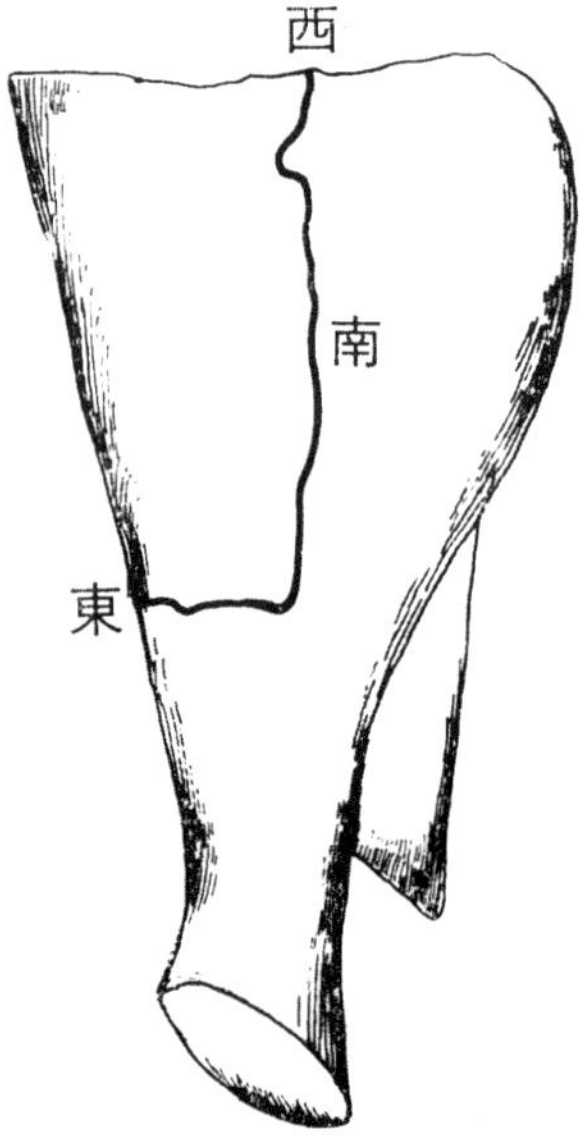

羊の肩骨の占い

昔ながらの骨占いの方法は、近代にいたるまでモンゴル人のあいだで固く守られていたが、漢民族はそういうことをしなかった。だからといって、モンゴル人が原始的で幼稚だったとはいえない。漢人が現実的で功利的な民族であるのにひきかえ、モンゴル人は素朴なうらないのようなものを信じやすい性格によるものとおもわれる。

日本にもあったフトマニの占術

『日本書紀』によると、上代の日本には中国から易がもたらされる以前に、すでにうらないの習慣があったことがわかる。太占、すなわちフトマニがそれである。

記紀の神話によると、オノコロ島に降りたイザナギ、イザナミの男女神は、結婚してさいしょにヒルコを生み、次にアワシマを生んだ。ヒルコは蛭児である。こんなぶざまな児が生まれたのはどういうわけだろうかとうかがいをたてることにした。「天神《あまつかみ》フトマニを以てうらなう」というのがそれであって、フトマニ（布止麻邇）というのは、鹿の骨をやいてうらないをたてることであった。

フトマニは、また天の岩戸の神話にもでてくる。アマテラスが天の岩屋に隠れると同時に、天地は暗闇になったので、八百万《やおよろず》の神々が集って相談をはじめた。その中でアメノコヤネノミコトとフトダマノミコトは鹿占いの役を引き受けることになり、「フトマニの卜事を以て仕え奉らしむ」とある。

ふたりは天香具山《あめのかぐやま》の真牡鹿《まおじか》の肩の骨を抜きとり、同じく天香具山の天波々迦《あめのははか》の木でそれをやくことによってうらないをたてた。それにつづいてアメノタヂカラオノミコトが岩屋の戸口に立って、アマテラスの現われるのを待ち構えているあいだ、のりとをあげたのもアメノコヤネノミコトである。だからアメノコヤネノミコト（天児屋命）は、フトマニの神事にいちばん縁がふかいことになる。

津田左右吉以後の学説によると、記紀の作成にさいしては、六世紀のなかごろ、朝廷の貴族たちの作りだしたフィクションが多分に織りこまれているとなっている。したがって、フトマニの行事が記紀にしるされてあるからといって、それをそのまま歴史的事実として信じるわけにはいかない。

日本人の手による最古の文書、記紀の作られたのが、津田説のとおり六世紀だったとすれば、それよりほぼ三百年前に、中国では『魏志《ぎし》』の倭人伝がでている。この書は、太古日本の邪馬台国《やまたいこく》にかんして問題を提起したことで知られているが、中国の三国時代（二二〇―二八〇年）の書であるから、まさに記紀の六世紀より三百年もふるいことになる。しかも、それが第三者の手になる記録というところに重要な意味がある。

ところで、その『魏志』によると、倭人《わじん》（日本人）の行事をしるしたなかで、こう書いている。

「すなわち骨を灼いて卜《ぼく》し、以て吉凶を占い、先に卜する所を告げる。其の辞は亀をして法《おし》えしめるが如くにして、火坼《かたく》を視《み》て兆《ちょう》を占う」

いいかえると、骨をやいてうらなう方法が、亀甲を用いてする中国のうらないに似ていることを指摘しているわけだ。

『魏志』の作者は陳寿といい、西晋の元康七年（二九七年）に六十五歳で死去したことが晋書にしるされており、わが国の年号でいうと応神天皇の二十八年にあたる。

では、そんな古い時代に、どういう経路でわが国の事情が中国に伝わったのだろうか。応神朝の以前でも、百済・新羅のような三韓との交通があったことはあきらかだし、さらに魏へ渡航する倭人があったばかりでなく、韓人にまじってひそかに中国人の渡来するものがあったことも考えられる。

中国大陸の易は、欽明天皇の十四年（五五三年）三韓・百済からの使者によってもたらされたが、そのご推古天皇の十年（六〇二年）にも伝えられた。記紀が六世紀の書とすれば、ちょうどその直後にあたるので、その易をフトマニと称して、神話のなかに挿入したのではないかという疑いももたれるわけだ。

記紀の作成された六世紀にすぐつづいて、七世紀の万葉時代となるのだが、この時代になるとすでにフトマニが民間でもおこなわれていたことが、『万葉集』によってもあきらかで、東歌《あずまうた》の一首にこんなのがある。

武蔵野《むさしの》に占肩《うらえかた》やき真実《まさで》にも告《の》らぬ
君《きみ》が名《な》　卜《うら》に出《で》にけり

武蔵野で、うらないのために鹿の肩の骨をやいてみたら、真実におっしゃらなかったあなたの名がうらないに出た、というのである。

また東歌にはこんなのもある。

夕占《ゆうけ》にもこよひと告《の》らろ我《わ》がせなは
何ぞもこよひ依《よ》しろ来《き》まさぬ

夕べのうらないにも、今夜は夫が来られると告げがあった。それなのに、わが夫は何故、今夜来てくださらぬのだろうか。

はっきりフトマニとはうたっていないが、これが東歌であるところから察すると、やはり鹿の骨をやいてうらなったものとおもわれる。なぜならば、フトマニの行事が、そのころ関東地方ではすでにおこなわれていたからである。

神功皇后の新羅出征があったといわれる時代は応神朝で、その出征がまた卜術のうえにつながりをもつようになった。皇后の出征に従軍した雷大臣《いかずちのおおおみ》（もしくは雷命《いかずちのみこと》）なるものが三韓から帰ると、そのまま対馬《つしま》にとどまり、亀卜術を伝えることになり、のちにその一族が卜部《うらべ》の姓を名乗っている。

『神名帳考証』という書によると、対馬国下県郡阿連村（のちの豆酘《つづ》村）にある雷命神社は、豆酘雷《つづいかずち》大明神ともいい、卜部氏の祖、雷命を祀ったものとある。一説によると、雷命のことを対馬では、さにわ神（卜庭神）といい、卜部が亀卜をするときは、まずこの卜庭神を祭るのがならわしだったという。また常陸の卜部は、この雷大臣の兄弟から出たものといわれる。

大陸の新羅へ渡るには対馬ばかりでなく、当然、壱岐島もその足場になっていた。その証拠には天平八年（七三六年）、雪連宅満《ゆきのむらじやかまろ》が新羅へつかわされるとき壱岐島で死去したので、同行するはずだった六鯖《むさば》というものが、それをいたんでよんだ長歌のなかに次の句がある。

由吉《ゆき》の海人《あま》の　保都手《ほつて》の卜合《うらえ》を　肩灼《かたやき》て
行《ゆ》かむとするに

由吉は壱岐の古代の別名で、海人はひろい意味にとって島民ともいうべきところ。保都手は相撲の上位陣という意から転じて、卜術の練達者をさしたもの。壱岐の島人でうらないのじょうずなひとが肩やきをした結果、新羅へ行こうとしていたのに残念なことだ、というのが歌の大意である。

こういう句のあることによって、八世紀にはすでに壱岐でも鹿うらないのあったことを証明している。対馬でも壱岐でも、さいしょは鹿の肩胛骨をやいていたが、のちになって卜部氏は亀甲を用いたもののようである。

古来わが国では鹿の肩骨を用いていたが、のちに亀甲をもって代用するようになったのは、漢国のマネであると指摘して、それをいたく慨嘆したひとに伴信友《ばんのぶとも》がいた。

伴信友（一七七三―一八四六）は若狭の人、本居宣長門下の俊才で、国学派の急先鋒になっていた。徳川前期の漢学全盛時代に対する反動として、平田篤胤らと肩をならべて愛国敬神の念を鼓吹する渦中の人物だったから、いきおい、漢ぶりの模倣として解釈したもののようである。

国粋主義者にちかかった信友は、つぎのようにいっている。「漢国の亀卜とて、亀の甲を灼てなすなる卜法の、牡鹿《しか》の肩灼くに似たりけるを見て、そをまねびて、鹿を亀に換えて用ひたりけるを、中つ世のころより、よろず漢ざまをまねぶ世の慣《ならわし》にまじこりて」と嘆き、さらにつづけて「凡て今の世に卜事といえば、漢国のこちたくいささけき卜法をこそもてはやすめれ、かへすがへすもなげかはしくて……」

しかし、これはいささか偏狭な考え方であって、中国の古い遊牧民は牛骨を用い、モンゴルでは羊の骨を用い、亀のとれる黄河流域では亀甲をやき、鹿がたくさんにいた時代の日本では鹿の骨をやいたが、対馬のような西海の島では亀甲が入手しやすいから、それを用いたまでのことにすぎない。漢ぶりの模倣とかなんとかいうのではなく、単に現地で入手しやすい材料を用いたものと考えればよさそうだ。

それはともかくとして、この伴信友には考証に長じた多くの著述があり、とくにフトマニにかんしては『正卜考』という貴重な文献をのこしている。

そのなかで茨城県、鹿島神宮の行事についてこうかいている。『神道名目類聚抄』という書から、引用したものである。

「鹿島神宮に物忌《ものいみ》という女官を定むる時に亀甲を灼く事あり。女子の七、八歳以上、十二、十三歳以下、いまだ経水あらざる者を撰びて、物忌に定む。あらかじめ件の女子二人をもて、一百日神事をつとめ、満つる日、神前に鼎《かなえ》をたて、亀甲二枚を設け、各女子の名を記し、これを鼎にもりて、早朝より暮に及ぶまでこれを灼く。物忌に定むべき女子の名を記せる甲は、少しも灼け損ずることなし。物忌になるまじき女子の名を記せる甲は、焦れて灰となる。これを以て物忌を定む」

さらに信友は追記して『名目類聚抄』の誤りを指摘している。亀甲を鼎に入れて、早朝から暮れに及ぶまでやくというのは伝聞の誤りにちがいない。ふつうならば、一時間もせずに亀甲はやけて灰になってしまうからである。また、この記録が延文年間（一三五六―一三六一年）のものであるところから、上古のフトマニは鹿の肩胛骨をやくのが本来のものであり、それがこの時代になってから亀甲を用いるようになったのだろうといっている。

たしかに、そうにちがいない。著者が鹿島神宮でしらべたところによると、上古、ここの神域には多数の鹿が放しがいにされており、それが奈良の春日神社へ移されたのは、神護景雲二年（七六八年）であった。その年、春日神社の創立にさいして、鹿島神宮の御分霊を白鹿に乗せて奉遷したということである。今でこそ奈良の鹿は有名になっているが、その本家は鹿島だったのであり、その鹿の骨によってうらないをたてるのは当然のことだったろう。

もうひとつ、鹿島神宮は、その神職がとおい神代の時代にアメノコヤネノミコトを祖とする中臣《なかおみ》氏に始まったのであって、そのことがフトマニにはふかいつながりをもっている。まえにも記したように、日本の伝説ではアメノコヤネノミコトがフトマニの創始者となっているからである。

鹿島神宮のふるい由来によると、神武天皇が建国創業のさい、軍功のあったタケミカツチノミコトをここに奉祀し、神殿の再建は二代将軍徳川秀忠の手によったといわれるが、代々奉仕する神官は中臣氏であった。

鹿島は軍神タケミカツチノミコトを祀る神社であるから、太平洋戦争のときは、とくに詣でるひとが多かった。しかし近年は鹿島臨海工業地帯が近くにできたので、二十四万坪におよぶ広大な神域も、なんとなくほこりっぽい感じがするようになった。

関東地方で鹿うらないをしたところは、鹿島神宮のほか、上野《こうずけ》国一宮、貫前《ぬきさき》神社もそうであった。現在の群馬県富岡市一宮にあるのだが、いまはこの神社に詣でても、まったく無関心であって、なんの調べもつかない。むしろ、われわれ外部のものが古い記録によって、それを承知しているだけのことである。

元禄年間の記録によると、一宮の貫前大明神、すなわちこの貫前神社では毎年二月と十二月に、卜鹿（ウラワカ）という神事がおこなわれた。神事に供する鹿は、月初めの申《さる》の日から中ごろの卯《う》の日までのあいだに、同じ郡内の秋畑《あきばた》村付近でとらえるのがならわしであった。

肩の骨は、まず長さ四、五寸、幅三、四分という細長い形に切りとり、きれいに磨く。そして辰《たつ》の日の早朝、神事にたずさわる神官たちは、まず川にいって、からだを清め、午《うま》（正午）刻から神事にかかる。

うらないの要領は、肩の骨を盤のうえに置き、忌火《いむび》でやいた錐をもって骨に突き刺すのであるが、事前に用意しておく錐は、これまた忌火をもって長さ四寸五分から五寸ぐらいのものにつくり、その数は五本ときめられていた。うらないに問うことは、町村内の吉凶、それもおもに火災の有無、収穫の多寡などであった。大きい声で村の名をよびあげ、その問いを告げてから、錐を骨に突き刺すのであって、錐がうまく貫通したのを大吉とし、通りにくいのを小吉、もしくは凶とし、まったく錐がたたないばあいを大凶と判じるのであった。

また、村の名をよみあげるばあい、旧名のあるものはそれをいって、あたらしい名は用いないことになっていた。たとえば南蛇井村のことを吉田里といい、七日市村とよぶかわりに黒川の北というぐあいであった。

こういう記録からみて、貫前神社の神事はフトマニの変形にほかならないが、これと似たような鹿占いは、関東地方の各地でよくおこなわれたにちがいない。大昔の関東地方から東北にかけて、鹿がよくとれたからである。鹿がよくとれた証拠は、民俗芸能のなかに、シシ舞い、シシ踊などの伝わっていることである。そのシシというのはライオンの獅子ではなく、鹿をさしたもので、鹿を目のまえに見ることが多かったからこそ、その種の芸能が生まれたものとみられる。

伴信友の『正卜考』については、すでに言及したが、この国学者はもう一つ、フトマニにかんする文献をのこしている。それは『弥彦《やひこ》伝』を再録することによって、フトマニの具体的な説明をしようとしたものである。

『弥彦伝』は越後国蒲原郡、伊夜日子神社の神官、高橋国彦が文政三年（一八二〇年）に書きとめたもので、伊夜日子神社はいまの弥彦神社にほかならないし、江戸時代には伊夜日子もしくは伊夜比古神社ともかいていた。

弥彦は著者にとって曾遊の地であり、そこの神職に知人もいるので『弥彦伝』のことをたずねたが、この書そのものは見あたらなかった。『弥彦伝』はえられなかったが、元禄年間にここの神主をつとめていた高橋左近光頼が、橘三喜から贈られた『亀卜大事』という書の保存されていることがわかった。

橘三喜は武蔵国の住人であったが、宗源神道をとなえ、フトマニについては特別ふかい関心をもっていた人のようである。群馬県の貫前神社にフトマニがあったことを記録にのこしたのは、じつに橘三喜であるし、そしてこの人が弥彦の土地へ『亀卜大事』を持参したのは、元禄三年（一六九〇年）のことであった。

その元禄年間には、すでに弥彦でもフトマニの行事がおこなわれていたということである。そのご、弥彦の高橋国彦が発見したものは、古くから伝わっている箱であって、その箱のうわがきには「太占箱」と書いてあり、中には一枚の亀甲が絹布に包んであった。どれだけ以前の亀甲だったかわからないが、ともかく古いフトマニの実物を見たことが動機となって、この伝を書いたもののようである。

まず亀甲にかく町字形の兆は、中国のものと同じであるが、五つの方位の呼び方には、フトマニに特有の和名がつけてある。

それは、東をカミ（加身）、西をエミ（依身）、南をホ（普）、北をト（吐）、中央をタメ（多女）と呼び、しかも東を木とし、西を金とし、南を火とし、北を水とし、中央を土としている点は、まったく五行の配置と一致しているのである。

亀の甲は、透明になるようによく磨いたものを用い、やくのに先だってその裏側に町の象形を墨でえがく。墨でえがく代わりに、小刀で筋をつけることもあった。

やくのには、波々迦《ははか》の木に火を点じてすることになっているが、その波々迦というのは梓《あずさ》の古名である。一説によると樺の木だともいうが、梓は白樺の一種にほかならないから、だいたい寒冷地に近いところで育つ木を用いたことはあきらかだ。同時にこのことは、フトマニの行事が北方圏のものであって、南方の熱帯圏に属するものでないことを物語っているものとおもう。

やくばあいにも亀甲の裏側からするのであって、手前のトの方から、上方のホに向けて火を通わせ、それを三回くりかえす。つぎにカミの方へ、内側から外側に向かって火を送り、これも三度くりかえす。そのつぎにはエミの方に向けて、同じく内側から外側に火を通わせること三度におよぶ。

こうしてやきつづけているあいだ、「トホ、カミ、エミ、タメ」を念仏のようにとなえつづける。

（表から見たところ）

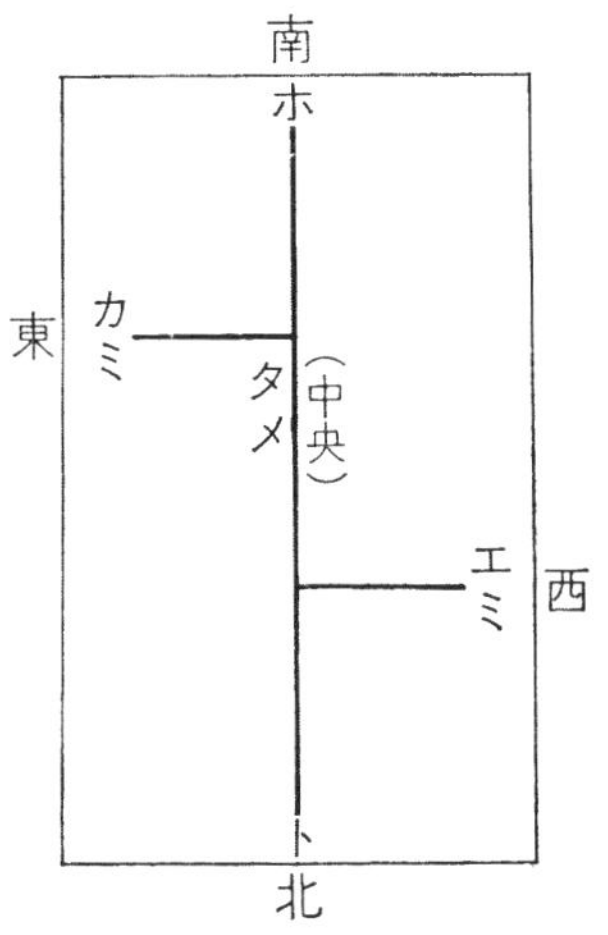

（裏から見たところ）

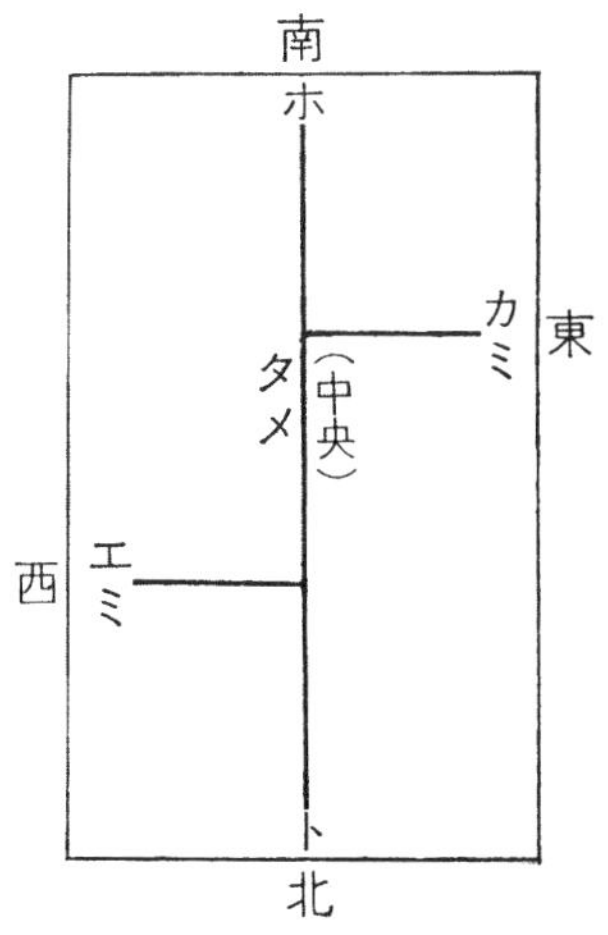

そしてやきが進むにしたがい、甲のうえにやき目の亀裂が生じるのであって、南、北、東、西の全部をやかなくても、やき目がじゅうぶんにあらわれることもある。そういうときはいつでも、やきを中止してよいことになっている。

やきおわったら、亀裂のうえに墨をぬりつける。そうすると亀裂の筋がはっきり見えるからで、このことを洛食といった。

やくばあいには甲の裏側からしたが、亀裂のできた筋を見るのには表側からするので、亀裂のできぐあいによって、吉凶さまざまなきまりがあった。参考までに、『弥彦伝』のなかから八種の図をとりだして示すと、つぎの頁で示したようなのがある。

それぞれの町の下にしるした卜辞で、クシウというのは曲がって折れること、イキシウとは先端が高く上にのぼっていること、ウルワシウとはまっすぐなことを意味している。

このほか卜辞には、さまざまな用語があったようで、『対馬亀卜伝』には雨森東五郎という島民の伝えるものとして、つぎのような用語をあげている。

トウルワシウ、トユルイダ、トヨリメ、トキレタ、トサク、トソレタ、トツイタ、トシヒタなどが北のトにあり、ホウルワシ、ホサラヒタ、ホミタ、ホキレタ、ホサク、ホソレタ、ホツイタ、ホカクメタが南のホにあり、カミヒキノママ、カミイキシイ、カミオダシイ、カミキレタ、カミナカタエが東のカミにあり、エミヒキノママ、エミオダシイ、エミキレタ、エミナカタエが西のエミにあり、タメマツタシ、タメウチトヲレタ、タメホカトヲレタ、タメキレタ、タメヌキトホシ、ツキタメが中央のタメにあげられている。

鹿の肩骨の扱い方については『正卜考』のなかで、天明四年（一七八四年）伊勢平蔵貞丈というひとの記録したも

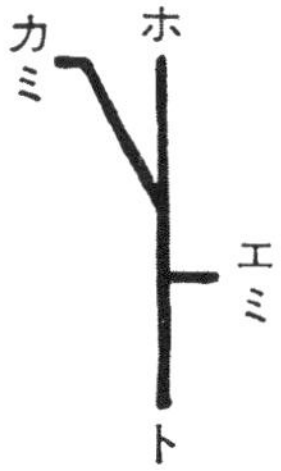

これは大吉

エミ「クシウテ」
運気弱し

タメ「ヌキ通シ」
エミ「折レテ」
ホ「クシウテ」大凶
三日のうちに大事おこる

エミ「サカリ」
ホ「クシウテ」
カミ「短シ」
大凶

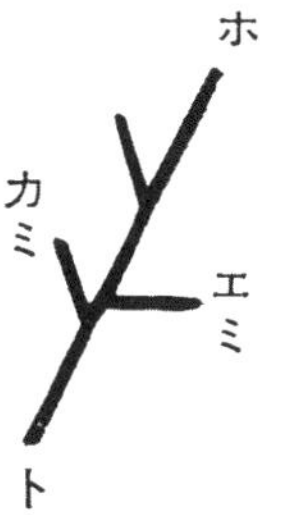

ホのさき「クシウテ」
大悪

ト「クシウテ」半吉
ホ「ウルワシウ」
カミ「イキシウテ」
万事吉

万事吉

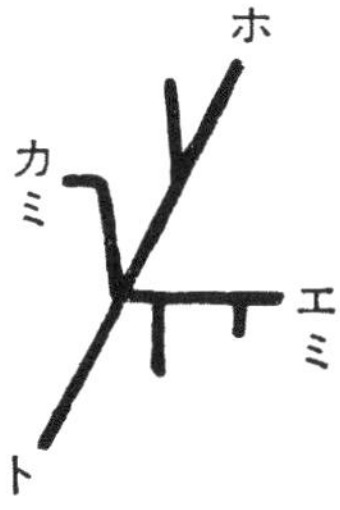

半吉　わが身大事なり
カミ「イキシウ」
高き所に通ず

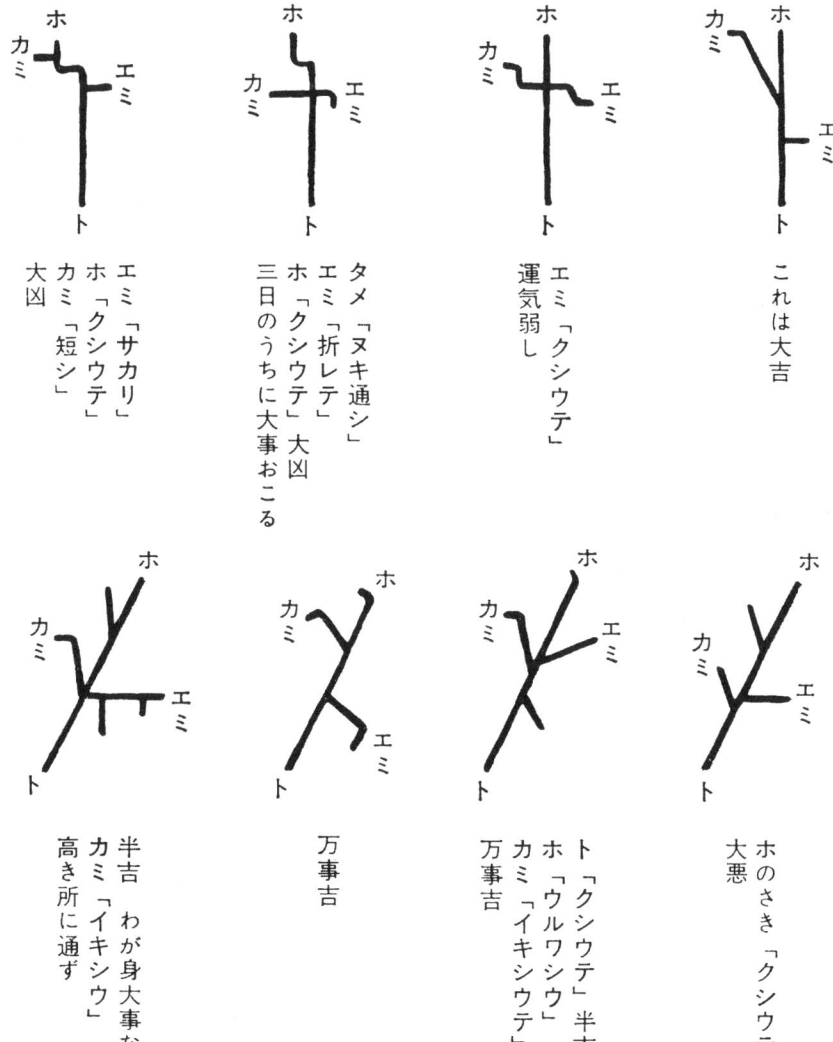

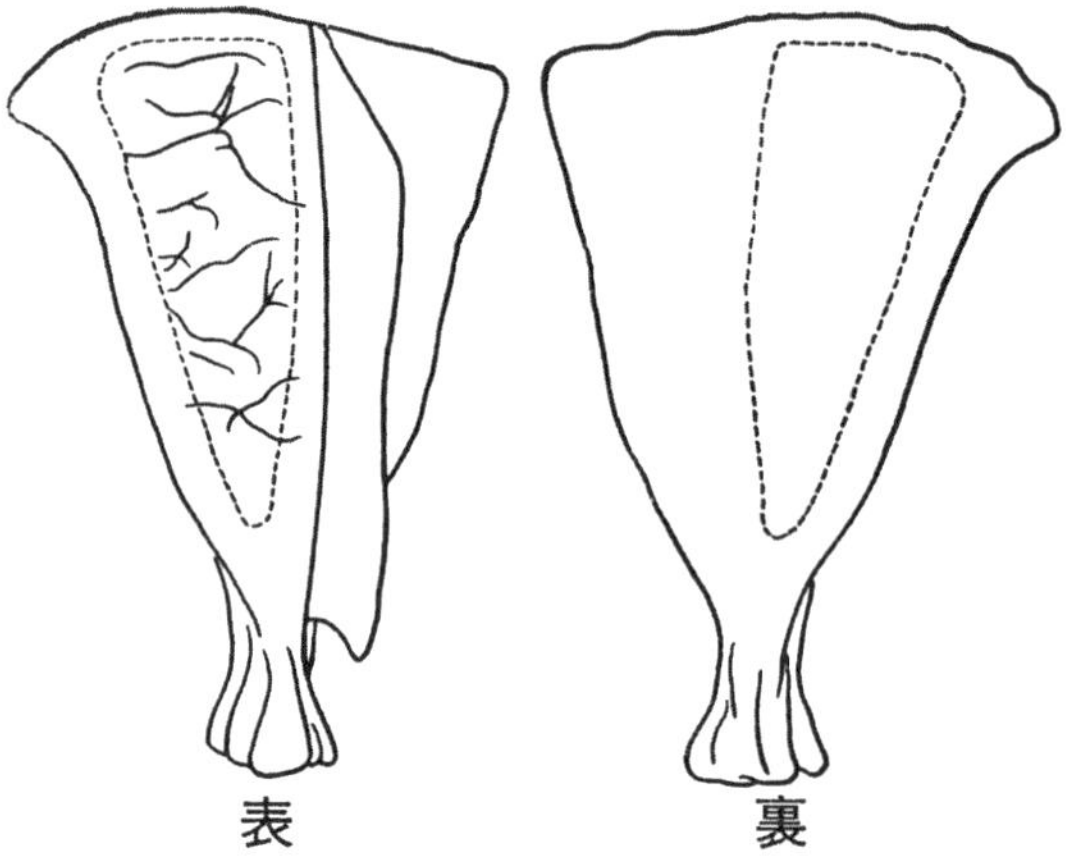

のが紹介されている。それによると、牡鹿の肩の骨を取ってから百日間ほど土の中に埋める。それは臭気と脂《あぶら》けがなくなるのを待つためで、脂けがあると町の象形がはっきりあらわれないからだという。

上に示した図は、鹿の肩胛骨を、表と裏から見たところである。点線でかこんだ中央の部分がとくに薄いので、そこを裏からやき、あらわれてくる亀裂の象形を表から見て吉凶を判断するのであった。下部の骨がほそくなっている部分は、握るのにつこうがよいので、やくときはそこを手で持つことにしていた。

鹿卜いには、どんな卜辞があったのか、もしくは亀卜のばあいと同じような判断の仕方をしたものかどうかはわかっていない。

フトマニということばは、たしかに日本の古語であって、その字義を解釈すると、フトは称辞（ほめたたえることば）であり、マニはママニの意で、神慮のままに、神慮にまかせしたがうの義といわれる。

しかし、フトマニという卜法が日本固有のものであったか、それとも中国から渡来したものか、この点については疑わしい。亀卜のばあい、ト、ホ、カミ、エミ、タミの和名こそ用いているが、方位の扱い方はあきらかに中国の五行説に準じているからである。

易の成り立ち

陰陽両儀――陽爻・陰爻――四象――八卦乾坤六子――陽卦・陰卦――『説卦伝』の卦象・卦徳――大成卦・六十四卦――上経三十卦――下経三十四卦――八卦の作者――琉球のバラサン――連山・帰蔵と周易――彖象二伝の作者――十翼の作者――孔子否定説

易の原則と八卦の考案者

易のことを陰陽道《おんみょうどう》といい、易者のことを陰陽師《おんみょうじ》といったことでもわかるように、易はその根本理念に陰陽の両儀をおいている。そして、その陰陽をあらわすのには文字でなく、符号のようなものを用いている。陽を象徴する符号には ⚊ を用いて、これを陽爻《ようこう》といい、陰を象徴する符号には ⚋ を用いて、これを陰爻《いんこう》といっている。

爻とは肴俎（まぜさかな）の義で、肴俎にはうまいもの、まずいものが取りまぜてあるように、種種雑多のものが易にはとり入れられてあり、その一つが爻という意味である。しかし爻は、もともと文字のない時代に、ひとつは男性を表わし、他は女性を表わすためのものであった。充実した直線によって男性を、あいだが欠けて空虚になった二本の線によって女性を表示したわけである。

陽爻と陰爻の説明は、数の奇偶によってもすることができる。一二三四とかぞえるとき、奇数はつねに偶数の前にあり、また奇数は二分することができないけれども、偶数は二分することができる。二分することのできないものは強で、二分されるものは弱であるから、二分されない ⚊ を強の陽とし、二分される ⚋ を弱の陰にしたものとも考えられる。

百事百般を陰陽に分けて考えるのが、易の原則であって、人にとれば男と女、父と子、夫と妻、君と臣はそれぞれ陽と陰になる。宇宙にとれば天と地、日と月、明と暗、時にとれば春と秋、夏と冬、昼と夜、場所にとれば前と後、上と下、高と低、状態にとれば動と静、貴と賤、福と禍は、それぞれ陽と陰である。また大小、強弱、内外、優劣、その他百般のものを陰陽に相対して考えることができる。

しかし、これは相対的、流動的なものであって、絶対的、固定的ではない。母は父に対して陰であるが、子に対しては親としての陽である。また平地は山に対して陰であるが、沢に対しては陽といったぐあいである。

一奇一偶を画することによって、陰陽の二爻を得たが、宇宙の現象は陰陽二気の変化によって起こるものであるから、易の作者はまずさきに得た陰爻陽爻を二つずつ組み合わせてみた。そうすると ⚌ ⚍ ⚎ ⚏ の四つができて、これを四象という。

ところが、⚌ は陽で、⚏ は陰であることに変わりないが、⚍ と ⚎ は陰陽調和して、男性とも女性ともつかぬものになってしまう。宇宙間の万物は陰か陽のいずれかであるとみる易理からして、これは不都合なことである。

そこで、さらに一爻を追加し、三爻ずつの組み合わせにすると、八つの組が得られる。すなわち八卦《はっか》である。このことを易の『繫辞伝』では「両儀四象を生じ、四象八卦を生ず」とかいてある。

八卦の卦とは「掛ける」という意味で、物象に掛けることによって人に示すものである。つまり八卦は万事万物のことを示すのであって、これを家族に当てはめるならば乾坤を父母とし、他の六卦を六子とみることができる。そしてその八卦には、それぞれ次のような名前がつけられている。

☰を乾《けん》とし、乾は天であり、天のおおいかぶさっている形⌒⌒⌒によったもの。

☷を坤《こん》とし、坤は地であって、地道の右に順じた形巛によるもの。

☴を巽《そん》とし、陰が初爻にあるので、長女とし、また風とする。

☶を艮《ごん》とし、陽が三爻にあるので、少男とし、また山とする。

☵を坎《かん》とし、陽が二爻にあるので、中男とし、また二陰の間を一陽の水が流れる象とする。

☲を離《り》とし、陰が二爻にあるので、中女とし、また外陽にして内陰なるをもって火の象とする。

☳を震《しん》とし、陽の初爻をもって長男とし、また震雷とする。

☱を兌《だ》とし、陰が三爻にあるので少女とし、また沢とする。


卦の構成が二陰一陽からなるときは、陽爻を卦主とし、一陰二陽からなるときは、陰爻を卦主とするのがきまりになっている。したがって震☳、坎☵、艮☶は陽卦であり、巽☴、離☲、兌☱は陰卦ということになる。

また易は逆数なりといって、爻をかぞえるには下から上への順にいく。すなわち初、二、三、四、五、上と呼ぶのであって、卦主が初爻にあるのを長とし、二爻にあるのを中とし、上爻にあるのを少とする。したがって震巽は長男長女、坎離は中男中女、艮兌は少男少女となっている。

八卦を方位でいうと、乾は西北、兌は西、離は南、震は東、巽は東南、坎は北、艮は東北、坤は西北にあたり、人体に例をとっていうと乾は首、兌は口、離は目、震は足、巽は股、坎は耳、艮は手、坤は腹である。このように八卦には、それぞれの卦象・卦徳があるので、それをくわして述べたのが易の『説卦伝《せっかでん》』にほかならない。

このように乾坤六子の八卦によって、万物の卦象はそなわることになるが、これだけでは小成にとどまるといわれる。元来、万物は刻々に運行し、流転して変化をつづけるものである。そこで卦象を活用し、事物の活動を示すためには、八卦の上に八卦を重ねるということをした。そうしたものを重卦、もしくは大成卦とよぶのであって、その数は八卦の八倍の六十四卦となる。

乾兌離震巽坎艮坤の八卦に八卦を重ねたところを列記すると次のとおりになり、これにはそれぞれの卦名が次のようにつけられている。

乾に八卦を重ねたもの

☰☰ 乾為天《けんいてん》＝乾
☱☰ 沢天夬《たくてんかい》＝夬
☲☰ 火天大有《かてんたいゆう》＝大有
☳☰ 雷天大壮《らいてんたいそう》＝大壮
☴☰ 風天小畜《ふうてんしょうちく》＝小畜
☵☰ 水天需《すいてんじゅ》＝需
☶☰ 山天大畜《さんてんたいちく》＝大畜
☷☰ 地天泰《ちてんたい》＝泰

兌に八卦を重ねたもの

☰☱ 天沢履《てんたくり》＝履
☱☱ 兌為沢《だいたく》＝兌
☲☱ 火沢睽《かたくけい》＝睽
☳☱ 雷沢帰妹《らいたくきまい》＝帰妹
☴☱ 風沢中孚《ふうたくちゅうふ》＝中孚
☵☱ 水沢節《すいたくせつ》＝節
☶☱ 山沢損《さんたくそん》＝損
☷☱ 地沢臨《ちたくりん》＝臨

離に八卦を重ねたもの

☰☲ 天火同人《てんかどうじん》＝同人
☴☲ 風火家人《ふうかかじん》＝家人

☱☲ 沢火革《たくかかく》＝革
☲☲ 離為火《りいか》＝離
☳☲ 雷火豊《らいかほう》＝豊

震に八卦を重ねたもの

☰☳ 天雷无妄《てんらいむぼう》＝无妄
☱☳ 沢雷随《たくらいずい》＝随
☲☳ 火雷噬嗑《からいぜいこう》＝噬嗑
☳☳ 震為雷《しんいらい》＝震

巽に八卦を重ねたもの

☰☴ 天風姤《てんぷうこう》＝姤
☱☴ 沢風大過《たくふうたいか》＝大過
☲☴ 火風鼎《かふうてい》＝鼎
☳☴ 雷風恒《らいふうこう》＝恒

坎に八卦を重ねたもの

☰☵ 天水訟《てんすいしょう》＝訟
☱☵ 沢水困《たくすいこん》＝困

☵☲ 水火既済《すいかきせい》＝既済
☶☲ 山火賁《さんかひ》＝賁
☷☲ 地火明夷《ちかめいか》＝明夷

☴☳ 風雷益《ふうらいえき》＝益
☵☳ 水雷屯《すいらいちゅん》＝屯
☶☳ 山雷頤《さんらいい》＝頤
☷☳ 地雷復《ちらいふく》＝復

☴☴ 巽為風《そんいふう》＝風
☵☴ 水風井《すいふうせい》＝井
☶☴ 山風蠱《さんぷうこ》＝蠱
☷☴ 地風升《ちふうしょう》＝升

☴☵ 風水渙《ふうすいかん》＝渙
☵☵ 坎為水《かんいすい》＝坎

☲☵ 火水未済《かすいみせい》＝未済　　☶☵ 山水蒙《さんすいもう》＝蒙
☳☵ 雷水解《らいすいかい》＝解　　☷☵ 地水師《ちすいし》＝師

艮に八卦を重ねたもの

☰☶ 天山遯《てんさんとん》＝遯　　☴☶ 風山漸《ふうざんぜん》＝漸
☱☶ 沢山咸《たくさんかん》＝咸　　☵☶ 水山蹇《すいさんけん》＝蹇
☲☶ 火山旅《かさんりょ》＝旅　　☶☶ 艮為山《ごんいさん》＝艮
☳☶ 雷山小過《らいさんしょうか》＝小過　　☷☶ 地山謙《ちさんけん》＝謙

坤に八卦を重ねたもの

☰☷ 天地否《てんちひ》＝否　　☴☷ 風地観《ふうちかん》＝観
☱☷ 沢地萃《たくちすい》＝萃　　☵☷ 水地比《すいちひ》＝比
☲☷ 火地晋《かちしん》＝晋　　☶☷ 山地剝《さんちはく》＝剝
☳☷ 雷地予《らいちよ》＝予　　☷☷ 坤為地《こんいち》＝坤

易の卦は、以上の六十四卦につきており、六十四の卦形と本文、同じく六十四卦の卦辞と、それに三百八十四爻の爻辞を合わせると、上経・下経の易経全体ができることになる。

上経には三十卦をのせ、下経のほうは三十四卦となっているが、上経は十八卦が変じて三十卦となったものであり、下経もまた十八卦が変じて三十四卦となったものにほかならない。

では、なぜ上経は三十卦となり、下経は三十四卦になったのかというと、六十四卦のうち、乾、坤、頤、大過、坎、離、中孚、小過の八卦は、それを転倒して、さかさまに見ても乾は乾であり、坤は坤であり、以下も同様にして変わらない。こういう関係にある卦を綜卦、もしくは反卦というのであって、上経・下経が卦の数を異にしているのは、綜卦の多少によるものである。綜卦以外の五十六卦は転倒すると別の卦になるので、易の『雑卦伝』には、この綜卦の活用について書かれている。

では、重卦の六十四卦を生みだす基となったむずかしい八卦の符号は、いったい誰が作りだしたかというと、それについて易の『繋辞《けいじ》下伝』にはこう書いてある。

「古者《いにしえ》、包犠氏《ほうぎし》の天下に王たるや、仰《あお》いでは則《すなわ》ち象《しょう》を天に観《み》、俯《ふ》しては則ち法を地に観、鳥獣の文《ぶん》と地の宜《ぎ》とを観、近くは諸《これ》を身に取り、遠くは諸を物に取る。是《ここ》において始めて八卦を作り、以て神明の徳を通じ、以て万物の情《じょう》を類《るい》す。結縄《けつじょう》を作《な》して網罟《もうこ》を為《つく》り、以て佃《かり》し以て漁《すなど》るは、蓋《けだ》し諸を離《り》に取る」

ここにいう八卦の作者、包犠氏は伏羲氏ともいい、家畜類の犠牲《いけにえ》を取って庖厨《ほうちゅう》（料理）に当てることを教えた人という意味で包犠氏と呼ばれた。人間が初めて火食することを知った時代の聖人とされている。

仰いで天を観れば、そこには日月雷風のような象があり、俯して地を観れば、そこには水火山沢のような法があった。象は天に属するもので、目には見えるが手で触れることのできないもの。法は地にあって、目で見ると同時に手で触れることのできるものであった。また天の象と地の法を観たばかりでなく、鳥獣の文と地の宜をも観た。さまざまな鳥獣と、地の宜しき所を得ている草木がそれである。また身近なところについて見ると、乾の首があり、坤の腹があり、震の足があり、離の目、艮の手、兌の口などがある。遠い例を物にとってみれば、ありとあらゆる物を八卦に類別することができる。こうして八卦を作ることによって、神明の徳に通じ知ることができ、万物の情意を類別することができるというのだ。

ところで、『繋辞伝』によれば、包犠氏が八卦を作ったとはあるが、六十四卦まで作ったとは明記していない。それで卦を重ねたのは誰かということについて、古来、いくつかの説に分かれている。

『繋辞』の末にある一句から推して、八卦を得たことは当然六十四卦におよぶことを意味するから、伏羲が卦を重ねたという説もある。すなわち縄を結んで網を作り、魚や獣をとることは、卦でいえば離☲☲にあたるというのだ。獣をとるあみが網で、魚をとるあみが罟である。獣をとることを佃《かり》といい、魚をとることを漁《すなどり》というので、これは、つまり重卦をあらわしているという考え方である。

しかし、この説をそのまま信じるわけにはいかないところもある。たとえば『説文解字』を撰した許慎によると、文字が初めてできたのは黄帝時代のことで、黄帝は史官の蒼頡《そうけつ》に命じて文字を作らせたとある。してみると、黄帝以前の伏羲氏の時代には、おそらく文字というものがなく、結縄《けつじょう》をもって文字の代用としていたにちがいないからだ。

『繋辞下伝』にも、

「上古は結縄して治まる。後世の聖人之に易《か》うるに書契《しょけい》を以てし、百官以て治まり、万民以て察《あきら》かなり」

と書かれてある。このなかで「書契」とは、竹や木片に文字を書き、それを契約のしるしとして割符にしたものだが、肝心の「後世の聖人」が誰であったかは、わからない。

縄の結び目の数や、結び方を変えることによって、おもに数を表わすという方法は、原始的な社会にはよく行なわれたことで、近い例では、明治の初年ごろまで琉球列島の先島地方では、文字を知らない庶民のあいだで、税金の金額や、なにかの数字を記憶するためには「バラサン」（藁算）の行なわれていた事実があり、それは結縄にほかならなかった。

その実例を見てみると、まことに幼稚なもので、十や二十ぐらいまでの数字は表わせても、たとえば重卦の六十四にもなると、手におえるものではないはずだ。したがって、もしも伏羲氏の時代が文字以前だったならば、八卦は作ることができても、六十四卦ができたのは、さらに後代のことであると考えざるをえない。

六十四卦の作者にかんして、他の説はどうかというのに、前漢の史家、司馬遷は、周の文王が卦を重ねたといい、漢末の鄭玄《じょうげん》は、神農がそれをしたといい、さらにくだって晋代になると孫盛が、夏の禹《う》こそその作者であるといいだしたりした。

結局、今後ともこれらの諸説は、いずれともきまらないままで終るにちがいない。なぜならば伏羲にせよ、神農にせよ、夏禹にせよ、文王にせよ、みんな紀元前千年から二千年以上もさかのぼった上古のことで、なんの記録ものこっていないからである。

ナゾに包まれる周易の作者

ふつう易というのは周易のことであるが、それ以前の太古に、なお二種の易があったといわれる。連山《れんざん》、帰蔵《きぞう》の二つがそれであって、周礼春官《しゅうらいしゅんかん》（周代に祭礼をあつかっていた官）の一つに太卜《たいぼく》という職があり、その太卜は連山、帰蔵、周易の三易をつかさどったというのが、その説の出どころである。

連山は神農氏の易で、夏の時代に用いられ、帰蔵は黄帝の易で、殷の時代に用いられたものであり、さらに周代となるにおよんで、それが周易になった。連山、帰蔵のいずれも周易と同じように八卦を基本とし、それを重ねて六十四卦にするものであったとは伝えられているが、それ以上のことはなにもわかっていない。

唐時代の学者がたてた説によると、連山の易は六十四卦の首卦を艮☶☶とし、純卦の艮☶なる山を重ねたところから連山と呼んだもので、山に雲がつらなり、連々として絶えない象にとったとある。また、帰蔵の易は首卦を純坤☷☷とし、周易が首卦を乾とするのに対しており、坤を地とするから、すべての森羅万象はその大地に帰して蔵せざるはなしの義にとったとある。

また、連山八万言、帰蔵四千三百言などと記す学者もでたが、もはや影も形もない太古の易のことであってみれば、いずれも憶測の域を脱しない。いわんや神農氏を連山氏または列山氏と呼んだり、黄帝を帰蔵氏と呼んで、その徳をたたえるようなことは、なんら根拠のないことである。

では、第三の周易はどうか。周代の易にはちがいないが、連山を夏易といわず、帰蔵を殷易ともいわないところから推して、周易の「周」は、時代をさすものでないという説がある。鄭玄などの主張がそれであって、易道は周普して備わらざるものなきの謂いであるとした。乾を天とするから、天のあまねく周普する義だとも考えられなくはない。

しかし、そんな面倒な理屈をいわなくとも、周代の易を周易と解してさしつかえない。周の文王が六十四卦の彖辞《たんじ》を繋《か》け、その一族である周公旦がさらに各爻《こう》の象辞を繋けたという説を根拠として周易と呼ぶのは当然のことである。

周易の全体は『上経』・『下経』の二篇を易経の根幹とし、それに十翼と称されるところの『彖伝《たんでん》』上下、『象伝《しょうでん》』上下、『繋辞伝《けいじでん》』上下、『文言伝《ぶんげんでん》』、『説卦伝《せっかでん》』、『序卦伝《じょかでん》』、『雑卦伝《ざっかでん》』の十篇からなっている。十翼の作者については、あとでふれるとして、まず彖象二伝の作者にかんし、おもな諸説をあらまし紹介することにする。

『上経』・『下経』の中心をなしているものは、乾坤六子の八卦にその八卦を重ねて得たところの六十四卦であって、それが作られた当初にはまだ辞がなく、陽を象徴する ⚊ と、陰を象徴する ⚋ の卦象をもって表わされていたにすぎない。

六十四卦のうち、三十卦を上経に、三十四卦を下経に分けてあることは、すでに述べたとおりで、それぞれの卦には本文のほか、彖辞と象辞が記されている。彖辞は卦辞ともいわれ、それを各卦についての総論とみれば、象辞すなわち爻辞《こうじ》のほうは、一卦を構成する六爻についての各論とみてよい。こういうぐあいに、一つ一つの卦象にたいして作文することを辞を繫《か》けるといっている。

爻辞の数は六十四卦の六倍、三百八十四爻あるわけだが、実際には三百八十六爻となっている。それは乾・坤の二卦にかぎり、用九と用六の爻辞が別に追加されているからである。

そこで、これらの卦辞と爻辞を繫けた人、すなわちその作者は誰かということになる。

それについて、経文にはなにも明記してない。しかし、『繫辞下伝』には「易の興るや、其れ中古に於けるか。易を作る者は其れ憂患あるか」とある。伏羲を上古、文王を中古、孔子を下古の人とみるので、暗に文王を作者としたもののようにとれる。そして憂患をよく体験した人でないと作れなかっただろうといっている。

また、その『下伝』にはこうもある。「易の興《おこ》るや、其れ殷の末世《まっせい》、周の盛徳に当るか。文王と紂との事に当るか。是の故に辞危《あやう》し」

ところで、殷の紂王は古今無類の暴君といわれたが、その紂王に仕える諸侯の一人に西伯昌《さいはくしょう》がいた。紂王が酒池肉林の奢りにふけっているとき、西伯は徳を修め、善を積んでいたので、諸侯の多くはこれに帰することとなり、天下を三分して、その二を領有するまでの勢力になった。

西伯の勢力が大きくなるにつれ、それを中傷する者がでたので、紂王は西伯を捕えて羑里《ゆうり》というところに幽閉した。しかし西伯は幽閉されても紂王をうらむことなく、王の改悛しないのは自分の徳がたりないからだといって嘆いた。やがて赦されて出てきて、天寿をまっとうするにいたった。

西伯昌の死後、子の西伯発《さいはくはつ》が父の跡をつぎ、軍をおこしてついに紂王を滅ぼし、殷に代わって周となった。この西伯発が、いわゆる周の武王で、父の西伯昌を追号して文王と称した。

西伯昌すなわち文王が、さきに羑里に幽閉されているとき繫けたのが卦辞であるといっているのだ。そして易の辞に危懼の多いのは、文王の心が危くして、安らかならぬものがあったからというのである。

しかし、辞の作者については二つの説があり、卦辞・爻辞ともに文王の作とみるものと、卦辞は文王で、爻辞は周公と分けて考える説がある。

周公は文王の子、武王の弟で、その名を旦と呼んだので、周公旦といわれる。その周公が爻辞の作者だといわれるのだ。

爻辞のなかには、文王以後のことがしばしばでてくるので、爻辞は周公の作とみるほうが有力であって、とくに漢以後の学者は、それを主張している。

文王以後のことに言及している爻辞には、その例をあげると次のようなのがある。

随の上六「王用《おうもつ》て西山《せいざん》に亨《きょう》す」

ここにいう王とは、周公が文王をさしていったもので、西山は周の領内にある西の山、すなわち岐山《きざん》をいったものである。文王が天下の三分の二を領有しながら、いまだ時にあらずとして、殷に服従して臣節を守り、自分の領土内にある岐山を祭るにとどめて、その分を超えなかったことをいうのである。

升《しょう》の六四「王用て岐山に亨す」とあるのは、まえの西山を岐山と呼びかえたにすぎない。

明夷の六五「箕子《きし》の明夷なり」

殷の紂王が暴虐で、天下の明が夷《やぶ》られるとき、その同族であった箕子は、周の武王とも交わりを結んでいたので、これまた文王以後のことを述べている。

もう一つの例をあげると、既済《きせい》の九五「東鄰《とうりん》の牛を殺すは、西鄰《せいりん》の禴祭《やくさい》に如《し》かず」とある。牛を殺すことは冬の祭で盛大なるものだとし、禴祭は夏の祭で薄祭とするが、西鄰は文王を、東鄰は紂王を暗示するものといわれる。

こういう爻辞のあるところから、卦辞は文王の作で、爻辞のほうは周公の作と考えられるのである。とくに文王の作易をさいしょに言いだしたのは周の荀子《じゅんし》に始まり、漢の司馬遷、鄭玄など、いずれもこの説にしたがった。

周の時代は紀元前一千年に始まったのであるが、文字はすでにあったのだから、その時代の文王、周公が辞を繋けたということはあり得る。甲骨文から金文《きんぶん》、篆書《てんしょ》、隷書《れいしょ》、楷書《かいしょ》と書体は移りかわり、その判読に骨は折れたとしても、ともかく辞を繋けることが不可能ではなかったはずだ。

とはいっても、文王が卦辞を、周公が爻辞を繋けたと、はっきり断定できる資料はない。だが逆に、それをまったく否定するような証拠もない。したがって東漢、西漢から宋の時代にかけて、中国の易学者はしきりと繋辞者の判定を論じあい、なかには孔子が辞を繋けたという説までとびだしてきた。だが、一般に採用されている通説は、卦辞を文王に、爻辞を周公に負っているということは前述のとおりで、この意見は馬融、鄭衆《じょうしゅう》、賈逵《かき》、陸績などの易学者もこれを支持している。

しかし膨大な大著述を帝王自身が執筆したり、労作することはまずありえないから、文王・周公の代におよんで、整備整頓されたものと考えるのが穏当のようでもある。近い例では、清朝の康熙《こうき》帝が学官に命じて易説を編纂せしめたものを『周易折中』としたし、同じく乾隆《けんりゅう》帝は『周易述義』を作らせ、それぞれ康熙帝の御纂、乾隆帝の勅撰としている。文王・周公の繋辞というのも、この類ではなかったかと思われる。

したがって、現在われわれの読んでいる爻辞は、戦国時代の末から漢初の頃に筆が加えられた部分があるとみる説も成りたつわけであって、内藤湖南は雑誌《支那学》(第三巻第七号)で、そのことに言及している。湖南の論旨はかなり長いので、それをここに引用することはできないが、そういう異説もありうるのである。

周易は上下二経を根幹とし、その経文に解釈を加えた付属文書として十翼のあることはすでに述べた。鳥に翼があって飛べるのと同じく、十翼があることによって易の活用ができるという考えから、こういう名称がつけられている。

まず『彖伝』であるが、これは六十四卦の一つ一つについて卦名を説明し、それに註釈を加えたものである。上経の象辞（卦辞）に属するものが『彖上伝』、下経に属するものが『彖下伝』にほかならない。

つぎの『象伝』は二つの部分からなり、卦の全体について註釈した『卦象伝』と、その卦の六爻について一つ一つの註釈をした『爻象伝』とがある。『卦象伝』は別に『大象伝』ともいい、『爻象伝』は『小象伝』ともいわれる。たとえば乾卦についていうと、「天行《てんこう》は健《けん》なり。君子以て自《みずか》ら彊《つと》めて息《や》まず」を大象とし、「潜竜用《せんりょうもち》うる勿《なか》れとは、陽下《ようした》に在ればなり」から以下を小象とする。そして上経にかんする象伝を「象上伝」、下経のそれが「象下伝」に分けられている。

卦と爻の下に繋けられたことばを繋辞《けいじ》といい、その繋辞全体について通論したものを『繋辞伝』といっている。周易の意義を知るうえに重要な解説であるから、この伝を『大伝』という別名で呼ぶこともある。

『繋辞伝』もまた上下に分かれているが、『彖伝』『象伝』のように明確な根拠があって上下二篇に分けられたのではない。上下を通じて易理をいろいろな角度から論じたもので、ときには哲学的な考察があり、ときには易理の敷衍《ふえん》ありといったぐあいである。古本によっては上下とも十一章にしたものもあるが、現行のものは大部分が朱子にしたがい、十二章ずつからなっている。

『文言伝』は、とくに乾坤の二卦を詳論したもので、なぜ乾坤二卦だけに文言伝があるかについても、いろいろの意見がある。しかし乾坤の徳は偉大なるをもって、とくに文飾して文言伝としたと解してよさそうだ。

『説卦伝』では、八卦の性質を説明するので説卦という名があり、『序卦伝』では六十四卦におのずから順序と秩序があり、それを説いたので序卦といわれるのだ。

最後の『雑卦伝』についていうと、卦には対比のもの、反対のものが錯雑しており、その義を説いたので雑卦とよんでいる。

さて、以上の十翼は誰の作によるものだろうか。孔子がその作者であるとする説は、いまでは通用しない。しかし宋時代になるまではそう信じられていた。

孔子は周の霊王二十年（前五五二年）に生まれ、七十四歳をもって死去し、それは文王・周公からほぼ五百年後のことであった。

周公ののち、易がどんなにして孔子の時代へ伝わったものか、なにも記録されていない。けれども孔子の生国、魯《ろ》（いまの山東省曲阜の地方）は、周の初めに周公の子伯禽《はくきん》が封ぜられた国であるから、周公はその建国の伯父にあたっている。したがって孔子がその周公を敬慕したのは自然である。

孔子は周公を理想の人物として、夢を見ているあいだにも忘れることがなかった。それで『論語』述而《じゅつじ》篇に記している。

「子曰く、甚しいかな吾れの衰えたる。吾れまた夢に周公を見ざること久し」

と。孔子は周の礼を復興し、実現するのを教学の目標としていたのである。

ところで、孔子がふかく易を学んだという論拠として、『論語』述而篇に「加二我数年一、五十以学レ易、可三以無二大過一矣」とあることがあげられる。もっとも、この一句は「五十にして易を学び、大過なかるべし」という読みかたもあるが、『魯論』という古本では句読を変え、易の字は亦と同じであるからとして、「加二我数年一、五十以学、易可三以無二大過一矣」（五十にして学ぶも、亦大過なかるべし）と読んでいる。

また『論語』子路篇には

「子曰く、南人言《なんじんげん》ありて曰《いわ》く、人にして恒無《つねな》くんば、以て巫医《ふい》を作《な》す可からずと、善いかな、其の徳を恒《つね》にせず、或《あるい》は之れが羞《はじ》を承《う》くと」

とあり、恒卦九三の爻辞をここに引用したことが、孔子の易によせた関心のふかさを示すものといわれる。

さらにまた前漢時代の司馬遷は『孔子世家』のなかで、晩年の孔子が易をしきりに愛読し、「韋編《いへん》三たび絶つ」（竹簡をとじて書籍としたそのなめし皮が、あまりに愛読したために三回も切れた）と記したのであって、これはもっとも有名なことばになっている。

のみならず、孔子の門下は三千人におよび、礼楽射御書数の六芸に通じる者七十二人という一大勢力をなしていたから、孔子の礼讃者は後世にいたっても跡を絶たなかった。それで前記の司馬遷を筆頭にして、漢から唐の時代を通じて、十翼の作者を孔子とする説に疑いをはさむものはいなかった。

ところが宋の時代となるにおよんで、欧陽修が『易童子問』をあらわし、たくましい批判力をもって孔子説に反駁を加えた。

おもうに漢・唐の時代は易の象数にのみこだわって、それ以上の考察に欠けるところがあった。しかし宋になると文化的に充実してきた時代で、とくに批判精神が旺盛をきわめてきた。

北宋・南宋の三百年間を通じて、飛躍的に文化が向上をきたしたという第一の理由は、印刷技術の開発にあったようだ。すなわち古代の書契に用いられたのは竹簡を主としていたが、のちには織物の縑帛《けんぱく》（絹のきれ）を多く用いるようになった。紙を用いだしたのはさらにあとのことで、唐まではまだ写本の時代であった。文書の印刷ができるようになったのは、紙が普及してからである。

もっとも、紙が発明されたのは後漢の和帝、元興元年、蔡倫の手になると伝えられ、紀元一〇〇年ごろのことであり、印刷のほうはさらに七百年も下って、唐の中世、仏典の印刷に始まるといわれるが、儒書を大いに印刷しだしたのは北宋の時代からであって、印刷の発達がとりもなおさず宋文化の向上に役だつことになった。

欧陽修はその時代にあって、十翼の孔子説を否定し、こまごまとその論拠を記している。要するに、同じ文意を不必要に三回も四回も重複した個所が、とくに『繫辞伝』に見られることを引例し、また『説卦』・『雑卦』の両伝は筮人の占書にすぎないのであって、『彖伝』や『象伝』と同じ作者の手になったものでないことを強調している。

たちまち欧陽修の孔子否定説に賛同する学者が何人かはでたが、それでも孔子説には依然として根づよいものがあり、同じ宋時代の巨峰的存在であった朱子も、欧陽修の説は支持しなかった。それで十翼が孔子の作とは認め難いと信じられるようになるまでには、なお多くの歳月を要した。

欧陽修の説を踏襲して、さらに強力な論陣を張ったひとには陸象山、崔述《さいじゅつ》らがおり、崔氏のごときは十翼をすべて戦国時代の撰になるものとさえいった。

わが国で孔子否定説に先鞭をつけたのは、江戸時代の儒学者、伊藤東涯（一六七〇—一七三六）であった。東涯は『読易私説』において欧陽修の説を支持したばかりでなく、十翼全体が文体語脈のうえに統一を欠き、相矛盾する点があるので、孔子作でないことはもちろん、一人の手によったものでもないと指摘した。

また遠藤隆吉博士は、別の観点から疑問をなげかけ、十翼には孔子以前の作になるものもあり、孔子以後のものも混入しているとみた。すなわち、時代を異にする幾人かの手によって成ったものが十翼であると考えた。

内藤湖南博士は『繋辞伝』を『中庸』『呂氏春秋』にでてくる思想と比較することによって、「おそらく『繋辞伝』は漢初の製作ではないか」というように考えていた。

十翼のうち、内容の最も充実したのが『繋辞伝』であることはあきらかで、この註釈がなかったとすれば、易経を理解することはほとんど不可能にちかい。欧陽修も『繋辞伝』のことに言及して、「これを聖人の作といえば即ち僣偽なれども、漢初には繋辞伝を易太伝という」と記している。

中国人の思想に及ぼした易の影響

天命観――孔子と易――『中庸』と易――仁・義・礼――老子と易――焚書坑儒と易の儒教化――易は六芸の筆頭

古代の中国人が「天」というばあいには、空の天にはちがいないが、民族的信仰の拠りどころとしてそれを考えていた。ときには天帝とか上帝ということもあったが、要するに見あげて見るところの天である以上に、ひとつの思想を生みだす根源となったところのものである。

易の『繋辞上伝』には、つぎのような一節がある。

「この故に君子居《お》るときは則ちその象《しょう》を観て、その辞を玩《もてあそ》ぶ。動くときは則ちその変を観て、その占を玩ぶ。それを以て天より之を祐《たす》け、吉にして利《よろ》しからざるなし」

また「天を楽しみて命《めい》を知る」ともある。これらによっても、古代人の天に対する考えが、いかに信仰的であったかを知ることができる。

「人」という字は、両足をひろげて立った人間の象形で、そのうえに二線を画すると「天」の字になる。人間とその頭上にある天とのあいだに深いつながりのあることを、字によって示した。それで人間には先天的に天の命が宿っているから、ふかく内省することによって、天意を推しはかることができると考えた。虚心坦懐に内省すれば、おのずから天命を直覚し得るものとの考え方があったればこそ、一種の方便として亀甲占いを用いたのである。

この天命という語は、孔子も次のように用いている。

「吾れ十有五にして学に志し、三十にして立ち、四十にして惑わず、五十にして天命を知る」

しかしここで孔子のいった天命は、人間が先天的に天からさずけられた仁道、すなわち人間の道をさしたもので、さきの天命とはやや意味あいがちがっていることに注目しなければならない。

孔子については、すでに十翼の章（四七ページ）でふれたとおり、この聖人が周易を愛読したことはたしかだが、易の思想がナマのまま孔子のことばにでてくることはなかった。孔子が強調したのは、人間にさずけられた道徳性であり、そこから生れる仁道であり、孝道であった。そしてそれらの仁や孝は、易とは別個に孔子自身が考えだした思想であった。

孔子と易の関係をさぐるばあい、大事なことが見逃されがちである。それは易経が、『詩経』、『書経』、『礼記』、『春秋』とをあわせて五経とされたのは孔子より以後のことであって、孔子の時代にはまだ詩と書の二つだけが経典とされているにすぎなかったことだ。孔子が門人にさとすばあいも、詩と書の二つを教材にとりあげたのであって、易は孔子自身が愛読するにとどめていたようである。

孔子の思想と易とのつながり

しかし孔子の思想におよぼした易の影響がなかったとはいえない。なぜならば孔子の孫、子思《しし》の述作であるところの『中庸』は、あまりにも易と共通した考え方が多いことで知られているが、子思はこの述作にさいして、孔子の教訓である「君子は中庸す、小人は中庸に反す」ということばを敷衍したともいわれ、随所に「子曰く」として、孔子の遺訓を引用している。いわば孫の代になって、孔子と易の共通点が表面に出てきたともいえる。

いうまでもなく『中庸』は『礼記』中に加えられていたものが、朱子によってとりだされて、『大学』『論語』『孟子』とともに「四書」の一つとなり、いまでは独立した経典になっている。しかしこの作者は、子思にあらずとする異説もあるにはあるが、ここではそれにふれないことにする。

『中庸』と易にふかいつながりのあることは、古来多くの儒家が指摘したところで、わが国では武内義雄の『易と中庸の研究』が知られている。またこの点について、清朝の銭大昕《せんだいきん》はつぎのようにいっている。

「易の六十四卦三百八十四爻、一言以て之を蔽う、曰く中のみ。子思孔子の意を述べて中庸を作り、大易と相表裏す。其の中なるは天下の大本なりというは其の体を言うなり」

中という語を数えると、『彖伝』に三十三、『象伝』に三十といわれ、正中、時中、大中、中道、中行、行中、剛中、柔中などとあって、いずれも中を得るものはトガなしという考えからきている。

では、『中庸』は易の思想とどんなぐあいに似かよっているのか。それについて、いくつかのことばをあげてみよう。まず天についていうと、『中庸』では

「天の命ずる、之を性《せい》と謂《い》い、性に率《したが》う、之を道と謂い、道を修《おさ》むる、之を教《きょう》と謂う」

とあるが、これと同じようなことを『繋辞上伝』では、次のようにいっている。

『一陰一陽をこれ道と謂う。これを継ぐものは善なり。これを成すものは性なり』

陰が長じて陽の退くときもあり、また陰が退いて陽の長じるときもあるが、それは循環して運行するだけのことであって、つまりは一対一の陰陽であり、それが天道であり、ひいては易道でもある。その天の道を継ぎ、天の意図を継ぐものを善といい、それを形に成したものが人間の天性であるというのだ。いいかえると人間のあるがままの性質は、天命、天道にしたがったものだといい、それを善とみているから、孟子の性善説はこのへんから出たとも考えられる。

また天について『中庸』は、こうもいっている。

「天の物《もの》を生《しょう》ずるや、必ず其の材に因りて篤《あつ》くす。故に栽わる者は之を培《つちか》い、傾《かたむ》く者は之を覆《くつがえ》す」

これは『繋辞下伝』に「危うき者は平らかならしめ、易《あ》る者は傾かしむ」とあるのと同じ趣旨である。

天は物を養い育てるのに、その素材に応じて、手厚い処置を講じるものであって、根づいて育つものはそれを培養してやり、根づかずに傾いて倒れようとするものは、思いきって枯らさせてしまう。これと同じようなことを『繋辞伝』では、みずから危懼の念を抱く者には安心立命を与え、天命をあなどるようなごうまんな者は、倒して傾けさせるのが易道だとしている。いずれも厳正にして無我なることをいったものである。

けれども中庸を守ることは、君子だけにできるのであって、しかもそれが容易でないことをつぎのように述べている。

「君子は中庸に依る。世を遯《のが》れて知られずして悔《く》いざるは、唯だ聖者のみ之を能《よ》くす」

世間から忘れられても悔いることなく中庸を実践できるのは聖者だけというのであって、これは大過の『象伝』に「君子以て独立して懼《おそ》れず、世を遯《のが》るれども悶《いきどお》ることなし」とあるのと同じ精神である。

また坤の『象伝』では君子の徳を説明して
「地勢《ちせい》は坤《こん》なり。君子は以て徳を厚くして物《もの》を載《の》す」

とあるが、『中庸』では、これもまったく同じ意味のことをつぎのようにいっている。

「博厚は物を載す所以《ゆえん》なり。高明は物を覆《おお》う所以なり。悠久は物を成す所以なり。博厚は地に配し、高明は天に配し、悠久は彊《かぎ》り無し」

大地が広く厚く、どんな重い物でも載せられるように、高所にある光明が万物をくまなく覆うように、無限の久しきにわたって万物を完成するのが君子の徳だといった。

『説卦伝』には、易の作られた目的を「理を窮《きわ》め、性《せい》を尽《つ》して以て命《めい》に至る」と明記しているが、これは重要な辞であって、道理を窮め、人の本性を知り尽し、それによって天命を知ることができるとの意である。では「性を尽す」とはどういうことか。『中庸』にはこうある。

「唯《た》だ天下の至誠のみ、能く其の性を尽くすと為《な》す。能く其の性を尽くせば、則ち能く人の性を尽くす。能く人の性を尽くせば、則ち能く物の性を尽くす。能く物の性を尽くせば、則ち以て天地の化育《かいく》を賛《たす》く可し。以て天地の化育を賛く可ければ、則ち天地と参となる可し」

右のうちで「天地の化育を賛く」とは、天地万物の造化し生育する働きに参加して、賛助することができるの意だ。ここにいう窮理（道理をきわめる）ということは易のタテマエであって、道理に反したことを易にはかることは許されない。周囲の事情、道理をきわめ尽くして、しかも迷うことがあるならばうらなってみるべきもの、それが順序だろう。

また、仁と義について易と『中庸』では、つぎのようにいっている。すなわち『説卦伝』には「人の道を立てて仁と義と曰《い》う」とあり、仁を陰とし、義を陽としている。しかし『中庸』では、もっとくわしく論及している。

「仁《じん》は人《じん》なり、親《しん》を親《した》しむを大《だい》なりと為《な》す。義《ぎ》は宜《ぎ》なり、賢《けん》を尊《たっと》ぶを大《だい》なりと為《な》す。親《しん》を親《した》しむの殺《さい》、賢を尊ぶの等《とう》は、礼《れい》の生《しょう》ずる所なり」

右の仁とは人情のことであって、親しい者（両親、親戚、親友）に親しむを最大の関心事としている。義とは、道理を考えてよろしき所につき、賢者を賢者として尊敬するを最大の関心事としている。親に親しむといっても、おのずから差別があるはずで、縁の遠いほど人情はうすれてくる。賢を尊ぶといっても、差別等級があるはずで、そこから礼が生まれるのだというのだ。いずれも儒教の思想を端的に示したもので、これによって仁、義、礼の意味を説いているのである。

易では、つねに恐れつつしみ反省すべきことを繰り返し強調しているが、『中庸』のなかで、それと同じ精神をいったものに、つぎの有名なことばがある。

「道《みち》なる者は、須臾《しゅゆ》も離る可からず。離る可きは道に非ざるなり。是の故に君子は其の睹《み》ざる所を戒慎《かいしん》し、其の聞かざる所を恐懼《きょうく》す。隠《かく》れたるよりも見《あら》わるるは莫《な》く、微《かす》かなるよりも顕《あきら》かなるは莫《な》し。故に君子は其の独《ひと》りを慎《つつ》しむ」

君子はかたときも道からはずれることがなく、独りでいるときも行動を慎重にするというのであって、こういう考え方は『中庸』がまったく易と同じであることをしめしている。

老子の考え方と密接な易の思想

『易経』の思想は、前述のとおり『中庸』とふかいつながりがあるばかりでなく、老子の思想とも密接であることが多くのひとによって指摘されている。その『中庸』は儒教にとりいれられることになり、一方、老子は道教の祖となったのであるから、儒家と道家の二大思想は、その源流を易にさかのぼることができる。さらに後漢末になるとインドから仏教がとりいれられ、儒・仏・道の三者が並びおこなわれる時代を現出することになった。

『中庸』と老子が、いずれも易に負うところの多いことはあきらかだが、『中庸』は老子へ対抗するために作られたという説がある。わが国では伊藤仁斎、荻生徂徠などが、その説の支持者であった。仁斎は『中庸発揮』のなかでこういっている。

「此書は専ら道を明らかにするが為めに作るなり。（中略）当時諸子百家各私説を恣《ほしいまま》にし、虚無是れ尊び、横議是れ恣にし、能く、相統一するなし。故に首として之を掲げて曰く、天の命ずる之を性と謂い、性に率《したが》う之を道と謂い、道を修むる之を教《きょう》と謂う」

老子も「道」を説いたが、中庸も同じく道を性に率うものとしたのであって、徂徠のごときははっきりと断言して「夫の子思が中庸を作るを観るに老子と抗する者なり」といっている。

しかし、子思の『中庸』が老子へ対抗するためであったという説は、両者の出生と死亡の年月がわからずじまいであるから、再吟味を要するのではあるまいか。老子は、孔子（前五五二―四七九）よりほぼ百年ほど後の人とみられるが、孔子の孫の子思は、年代的にいって老子より半世紀ほど先輩であったかもしれない。そうすると先輩の子思が、後輩の老子に対抗して、つまり、先どりして説を立てることはあり得ないことになる。

だが、子思と老子の関係をこれ以上解明することは、筆者のごとき浅学のおよぶところでない。ここでは、老子と易に多くの類似点や共通点のあることを指摘するにとどめておきたい。

老子学が易からきたという説をさいしょに唱えたのは漢の厳遵《げんじゅん》であった。つづいて魏の王弼《おうひつ》、晋の韓康伯がそれに同調した。さらにそれらの説をうけて、老子学が易から出たと考える学者がわが国からもでた。太田晴軒、広瀬淡窓がそれであったし、また学者ではないが、山県初男といって大正年間に雲南省の軍事顧問をしていた軍人が、昭和二年に『老子と易経との比較研究』の一書をだして、易経と老子の似かよっているところを列挙している。

では、両者にどんな類似点があったのか。まず老子の第一章には、こういっている。

「道の道とすべきは、常の道にあらず。名の名づくべきは、常の名にあらず。無を天地の始めに名づけ、有を万物の母に名づく。故に常無《じょうむ》以てその妙を観《み》んことを欲し、常有《じょうゆう》以てその徼《きょう》を観んことを欲す。この両者は同じ、出《い》で而して名を異にす。同じく之を玄《げん》と謂う」

老子にいうところの道は、易の太極にあたるとみる説もあるが、広瀬淡窓はこういっている。

「玄はそれ易にもとづくものか。易は数をいい、玄もまた数をいう。易の数をいうや、陰陽を以てし、玄の数をいうや、有無を以てす。易道は陽を尊び、陰を卑む。玄は有無互いに尊卑をなす」

さらに老子は、つづけてつぎのようにいった。

「天下皆《みな》美の美たるを知ればこれ悪なり、皆善《ぜん》の善たるを知ればこれ不善なり。故に有無相生じ、難易相成り、長短相形《あら》われ、高下相傾《こうかあいかたむ》き、音声相和し、前後相随《したが》う。是《これ》を以て聖人は無為《むい》の事に処《お》り、不言の教を行う」

このことばは易にいうところの陽きわまれば陰となり、陰きわまれば陽となるの理と同じである。とくにこのことばで注目すべきは「聖人は無為の事に処り」の一句で、老子はさらにこうもいっている。

「学を為せば日に益し、道を為せば日に損ず。之を損じて又損じ以て無為に至れば、無為にして為さざるなきなり。天下を取るものは常に無事《むじ》を以てす。その有事《ゆうじ》に及んでは、以て天下を取るに足らず」

これによっても、いかに老子が無為たらんとつねに心がけていたかがわかる。老子の無為は、易にいうところの无妄《むぼう》と同じであって、無私無欲をさしている。

無為を尊んだ老子は、さらに謙虚たらんとしてこうもいった。

「江海《こうかい》の能く百谷《ひゃくこく》の王《おう》たる所以は、其の善く之に下《くだ》るを以てなり。故に能く百谷の王たり。是を以て聖人は人に上《かみ》たらんと欲せば、其の言を以て之に下り、人に先《さき》んぜんと欲せば、其の身を以て之に後《おく》る。是を以て上に処《お》りて人重《ひとおも》しとせず、前に処りて人害《ひとがい》とせず、是を以て天下推《お》すことを楽しみて厭《いと》わず、其の争《あらそ》わざるを以て、故に天下能く之と争うなし」

ここで「江海」とあるは、易の「大川を渉《わた》るに利《よろ》し」などという「大川」に同じである。

老子は単に謙虚たらんとしたばかりでなく、むしろ弱者の立場をえらぼうとさえして、つぎのようにいった。

「人の生るるや柔弱にして、其の死するや堅強《けんきょう》なり。草木の生ずるや柔脆《じゅうぜい》にして、其の死するや枯槁《ここう》す。故に堅強なるものは死の徒にして、柔弱なるものは生の徒なり。是を以て兵強ければ則ち勝たず、木強ければ則ち折る。故に堅強は下《しも》に処《お》り、柔弱は上《かみ》に処る」

易の乾卦では、ただ一言「亢竜悔あり《こうりゆうくい》」といっているが、趣旨はこれとまったく同じである。

また謙卦では謙譲の徳を、最大限に述べている。易では卦辞、爻辞のすべてが吉凶悔吝のいずれかを示すことになっているが、ひとり謙卦に限り、吉の字はあるが、他の三字は用いられていない。謙なれば行くとして可ならざるはなしと考えられるからだ。

陽剛はつねに陰柔を制するというのが一般の考え方であるが、ときには柔よく剛を制することもあり、易では随の卦でそれを示している。随は従うの意であって、陽の強者が陰の弱者に随えば、陰は悦《よろこ》び、陰が悦べば、陽もまた悦んで相和する。これがしんの随だというのであって、剛を以て柔に下るという例は、易の六十四卦中、ただ随の一卦だけにある。

老子のもっとも老子らしいニヒリスティックな思想は、

「飄風《ひょうふう》は朝《あした》を終えず、驟雨《しゅうう》は日を終えず、孰《た》れか此《これ》を為すものぞ、天地なり。天地尚《なお》久しき能わず、而《しか》るを況《いわ》んや人に於ておや」

などということばにもうかがえる。

老子にかぎらず、中国の哲学ではつねに処世術を考えている。西洋哲学はおおむね哲学するための哲学であるが、中国人は考え方がもっと実践的であった。波瀾興亡の多い世に処していかにすべきかを考えることが、必然的に要求されたのである。易はもちろんのこと、孔子と老子も等しくそういう要求のなかから生まれた思想である。

孔子も、子思、老子も、ともに周代の人物であったが、秦の代になると始皇帝の三十四年、李斯《りし》という重臣の上奏を受け入れて、焚書坑儒《ふんしょこうじゅ》がおこなわれた。すなわち易だけはうらないの書という名目で厄を免れたが、詩書はことごとく焼き棄てられ、つづいて咸陽の儒生四百六十四人が生きうめにされてしまった。

詩書という教材を失った儒家にとっては、易だけが残された唯一の書となり、これを機として易の儒教化が始まった。

坑儒の事件があってから、多くの学者はのがれて姿をくらまし、儒学の伝統はまったく絶えたかのようにみえたが、まもなく秦が滅んで前漢の時代になると、まず易を中心にして儒学が息を吹き返した。

易を筆頭にして、書・詩・礼・楽・春秋を合わせて六経と呼ぶようになったのは後漢の時代であるが、これら経典のなかで最も重要視されたのが易であったことはあきらかで、漢書の芸文志には、つぎのようにいっている。

「楽は以て神を和らぐ、仁の表なり。詩は以て言を正す、義の用なり。礼は以て体を明かにす、明かなるものは著見す、故に訓なきなり。書は以て聴を広くす、知の術なり。春秋は以て事を断ず、信の符なり。五者は蓋し五常の道にして相須《ま》ちて備わる。而して易これが原をなす。故に曰く、易見る可からずんば、則ち乾坤或は息《や》むに幾《ちか》しと、蓋し天地と終始をなすと言うなり」

以後、中国ではほぼ二千年間、儒家にして易学を学ばざるものなきの盛況をみたのであるが、そのことについては次章、易学の伝承で述べることにする。

古典の中の王とされる『易経』

五経・六芸——十三経——科挙の条件——易学の伝承——孔子以後の易——易学中興の祖——古文易——漢易への反動と王弼の役割——宋時代以後の易——儒・仏・道の三教併進——朱子学の大成——陽明学の対立——周易の日本伝来——陰陽寮の制度——暦道と陰陽道——家相学——相宅——畳数と五行——朱子学の影響——朝鮮出兵の余禄——駿河文庫と林羅山——李退渓と山崎闇斎——藩政確立と朱子学の役割——陽明学の熊沢蕃山——欧陽修と伊藤東涯

中国人の体質を形づくる易学

周易の根幹となるものが『易経』であって、その『易経』は、『書経』（尚書）『詩経』『礼記《らいき》』『春秋』の経典とあわせて「五経」と称され、これが中国古典中の古典となっており、またこれに『楽経』を加えて「六経」（もしくは「六芸」）とする呼び方もあった。

ずっとあとの宋代になって儒学の経典十三を選定して「十三経」なるものがきめられた。すなわち『周易』『尚書』『毛詩』『春秋左氏伝』『春秋公羊《くよう》伝』『春秋穀梁伝』『周礼』『儀礼』『礼記』『孝経』『論語』『孟子』『爾雅《じが》』がそれである。しかし年代の古さからいって、『易経』は他の経典と同列に論じられないほど古いものであり、「五経」の中で最も重要な古典とみなされてきた。

『尚書』は「昔の書」という意味であって、古代の政治的な記録であり、『詩経』は古代の歌集であり、『礼記』は社会的および家庭的な作法を記録したもの、『春秋』は魯の時代の歴史的記録にほかならないが、ひとり『易経』だけは、あった出来ごとの記録ではなく、政治的、社会的の立場から人間生活の規範を説いたもので、こういう時にこうすると、その結果はどうなるぞといったようにさとしたものである。したがって、そこには古代中国人のものの考え方や思想をうかがうことができる。のみならず、その考え方や思想を知ることによって、こんにちの中国人のものの考え方や思想をも理解するのに役だつだろうとおもわれる。

『易経』をはじめとする五経は、中国最古の古典として、二千年以上のあいだ、ずっと中国人に愛読されつづけてきたのだから、その精神が国民的性格を形作るうえに、大きいはたらきをしたにちがいない。愛読されつづけたという証拠には、科挙の制度をあげることができる。

「科挙」というのは、高等文官になる採用試験のことで、試験科目のうち、「五経」の解釈が最も重要な科目であったし、作文の試験でもそれが経の文章によく似ているほどよい成績とされたのであった。「科挙」の制度が中絶したのは元の時代だけであって、明になると復活され、それが清の時代までつづいていた。

これらの経典を土台にしたものの考え方は、前漢の時代から清朝が滅びるまで、およそ二千年のながきにわたって中国人の規範となっていた。下層階級の農民たちは、それを意識しなかったかもしれないが、上層の支配者階級にとって、経典の思想は動かすことのできない拠りどころであった。その思想が崩れだしたのは、二十世紀になって西欧諸国の勢力がはいりこみ、辛亥革命につづいて中華民国が成立してからである。さらに一九四九年、人民共和国に改まるとその変貌は一段と急激になり、一九七四年には孔子批判の声が叫ばれるほどにまでなった。

政治体制の変革はあっても、国民的な性格や体質は本質的なものであって、一朝一夕に変化するものではあるまい。経典の底に流れているものの考え方や思想は、今後も生きつづけていくこととおもわれる。

中国人は、その性格として功利主義、現実主義的な傾向が多分にあり、抽象的よりも即物的なものの考え方をする。日本人よりも胆汁質的なところがあり、日本人のように淡白ではないし、短兵急でもない。それだけに行動が慎重となり、いったん行動をおこすと容易にあきらめない、ねばっこさがあるようだ。私は明治四十年ごろから大正七、八年までの青少年時代を中国人のあいだで送ったので、その頃の記憶から推して、そんな印象を抱いているのである。

その印象は、『易経』の底に流れているものの考え方となんら相反するものでない。そして、その考え方が、いまでも中国人の行動を律する原動力になっているようにおもわれる。と同時に、この考え方はわれわれにとっても、多くの暗示と教訓を与えるのであって、『易経』を熟読することの意義も、そこにあるといってよい。

しかし『易経』を熟読することは、かなり骨の折れる仕事である。いまでは多くの註釈書があるから、ひととおりの意味を知ることはさほど困難でもないが、さいしょこの原典と取り組んだ学者たちは、たいへんな苦労をしたにちがいない。

だいいち、『易経』の文章は、用語や語法がまったく古体であって、ふつうの漢籍は読めても、これがすぐに読めるという性質のものでない。文章の構造が古代的な稚拙さをもっているばかりでなく、加うるに暗示的、比喩的な辞を断片的に、前後の説明となるような脈絡なしに提示しただけのものであるから、その真意をつかむことは、いっそう困難である。

まず漢時代の学者たちは、その困難な仕事と取り組み、古体の文字で書かれた原典を解明することから着手し、つづいて唐、宋、明、清と幾代もの学者が、先学の教えを踏み台にして解釈に解釈を重ねることにより、ようやくわれわれが『易経』を正しく理解できるようになったのである。

つぎに、それら多くの先儒が、どんなぐあいにして伝承してきたかのあらましを述べてみよう。

易学を受けついだ中国の学者たち

十翼の作者は孔子ではあるまいとされているこんにち、易学の伝統を孔子から出発して考えることはいささか妥当でない。しかし孔子の作翼説が否定されだしたのは宋時代のことであるから、それ以前にあっては当然、孔子を起点として考えられていた。

後漢の人、班固があらわした『漢書』儒林伝によると、易が孔子以後、漢の初期にいたるまで、どんな人からどんな人へと伝わったものかを記している。それによると魯の商瞿子木《しょうくしぼく》がまず孔子から受け、そのあとに江東の馯臂子弓《かんぴしきゅう》、燕の周醜子家《しゅうしゅうしか》、東武の孫虞子乗《そんぐしじょう》の四人をへて、斉の田何子荘《でんかしそう》におよんだとある。

司馬遷の『史記』にも、孔子以後の易が伝わった系統は記されており、『漢書』とは人名の点で多少の相違するところはあっても、まず孔子がさいしょに易を授けた人物が商瞿であったことにはかわりない。だが、孔子には七十余人の門下があったといわれるからには、その何人かが易を学んだはずであるのに、なぜ商瞿の名だけが易の伝承者としてあげられたのだろうか。

孔子の生まれた魯は、周公の子伯禽の封ぜられた国であるから、周易と孔子の結びつきは当然考えられることだが、その孔子に師事した商瞿もまた魯の生まれであったから、とくに易を学ぶことが深かったのかもしれない。

商瞿はまあそれでいいとして、江東の馯臂とか、燕の周醜、東武の孫虞などという名前になると、あまりにも知られていない人物である。それは戦国時代にさいし、さらに秦の焚書《ふんしょ》という歴史的な大事件とつづいたため、忘却の彼方に葬られていた人たちなのではあるまいか。

さて秦が滅んで、漢の高祖が即位すると同時に前漢の時代を迎えるわけだが、斉の田何は当時にあって、易学中興の祖とみられている。

田何には有力な弟子があって、とくに東武の王同子中《おうどうしちゅう》、洛陽の周王孫《しゅうおうそん》、梁の丁寛《ていかん》、斉の服生《ふくせい》などの逸材がいた。なかでも秀才だったのは丁寛で、易説三万言を作ったと伝えられている。

丁寛の後継者としては梁の田王孫《でんおうそん》があり、さらにそれをへて沛《はい》の施讎《ししゅう》、魯の孟喜《もうき》、斉の梁邱賀《りょうきゅうが》の三人がでた。漢の初めには易学の勢力がこの三人によって三者鼎立のかたちとなったが、要するにいずれも田何の直系に属する人たちばかりであった。

他の一勢力として、焦延寿《しょうえんじゅ》がいた。焦氏は字を贛《かん》といい、焦贛の名をもって知られた。焦はみずから易を隠者に得たりといって、『易伝』四巻をあらわし、主として陰陽災異の言を述べることにより、孔子や田何の経とは類を異にしていた。

焦贛の流れを汲んだひとが東郡の京房《けいぼう》であって、こんにち伝えられる五行易は、焦贛を祖とし、京房を宗とするものである。とくに後者の京氏易はのちに陰陽道の根底となり、本来の易学からはやや逸脱していったが、それはそれとして、中国大陸の庶民にうけいれられやすい要素をそなえていたのである。

さらに第三の勢力として、別に費直《ひちょく》がいた。費氏易はみな古字を用いていたので、古文易と呼ばれるものであった。元来、上下経は十翼から離れて独立していたが、費直は経に付するに伝をもってし、上下経を『彖伝』『象伝』『繫辞伝』『文言伝』によって解釈するという新機軸をたてた。

費氏易がいかに大きい影響を後世におよぼしたかは、後漢の馬融《ばゆう》、鄭玄《じょうげん》、荀爽《じゅんそう》が、いずれも費氏を踏襲したものであり、さらに魏の王粛《おうしゅく》、王弼《おうひつ》にまでも感化をあたえたことでもわかる。

前漢の代表的人物を田何とすれば、後漢のそれは鄭玄であったといえる。鄭玄は費氏易に学んだとはいえ、いわゆる訓詁《くんこ》を樹立し、古文易の解明に大きい貢献をしたところの大儒であった。そして前漢は紀元前二〇二年に始まり、後漢が紀元二二〇年に終わりを告げたのであるから、漢の時代は前後を通じて四百余年におよんでいるが、その漢易全体を代表する巨峰的存在も、また鄭玄であったといえる。

元来、易は占いの書と考えられていたので、さいしょは儒教に無関係のものであった。それが漢初の頃になり、費直らによって『彖伝』『象伝』の解釈が加えられ、さらに『繫辞』『文言』に発展するにしたがい、儒家の中庸説に接近してきた。そのために純然たる儒教の経典とみなされるようになり、詩・書・礼・楽・易・春秋をまとめて「六経」と呼ぶにいたった。なかでも易の研究が、儒学の中心課目になったことは、すでに述べたとおりである。

その漢時代がおわり、魏・蜀・呉が鼎立する三国時代をへて、六朝の頃になると、老荘の思想が勢力を得るようになり、儒教にも老荘の哲学が加味されることになった。それは漢易に対する一種の反動とみればみられるが、この時期に大きい役割をはたしたのが魏の王弼であった。

王弼は字を輔嗣といい、正始十年（二四九年）に、二十四歳の若さで死んだのであるから、まさに早熟の天才であった。彼の『易註』六巻は、老荘の思想によって易を説明したものであり、その説はさらに韓康伯によって、うけつがれることになった。そして唐の孔穎達《こうえいたつ》もまた、王弼の影響をうけずにはいなかった。

ほぼ三百年におよぶ唐の時代は、中国文化のうえでも一つのピークをなしたのであって、当時、わが国からは、その唐文化を学ぶために遣唐使がだされたことは周知のとおりだ。易学のうえで、その唐を代表したのが孔穎達であった。このひとは字を仲達といい、孔子から三十二代の後裔にあたっていた。と同時に、穎達は『五経正義』（貞観十年、六四〇年）の撰者として知られている。

象か義か、理か気か

老荘清談が流行した時代のあとには、インドから仏教が輸入されることになり、唐代には儒・仏・道の三教がならんで行なわれた。それに刺激されて、儒教改造の機運が生まれてきた。その傾向がいよいよ顕著になったのは宋の時代で、周茂叔《しゅうもしゅく》、および二程子（兄の程伊道《ていいどう》、弟の程伊川《ていいせん》）が、その中心人物である。周茂叔は字を敦頤《とんい》といい、熙寧《きねい》六年（一〇七三年）に死んだ人で、『太極図説』一巻と『易通』一巻をあらわした。前者は易による宇宙観、後者は易による道徳論である。二程子も、ほぼ同じ年代に属し、とくに伊川は易の造詣にふかく、『易伝』四巻で知られている。

およそ易は象を根源とするものだが、象があって義を生じ、義があって変化を論ずべきものである。しかるに易を説く者に象数を主とするものと、義理を主とするものとの二つの傾向に分かれた。

漢易では象数にとらわれる弊がしだいに著しくなったので、老荘の思想をとりいれることによって、一脈清新の気をよぶにいたった。王弼はその筆頭となるものであった。程伊川は王弼とはやや趣きを異にしているが、それでも卦爻の象を重視しないという点で、類を同じくした。程伊川は易を、象によって理をあらわす書なりとして、結論においては理を貴しとしたのである。

そこへいくと田何の直系である孟喜の易を伝えた虞翻《ぐほん》、姚信《ようしん》、翟子玄《てきしげん》、蜀才《しょくさい》などというひとは、象数を重んじた。費直の易を伝えた鄭玄も、類を同じくした。焦贛、京房の易を伝えた陸績《りくせき》、干宝《かんぽう》は干支五行を加味しながらも、象から離れることはなかった。すなわち、いったんは象から離れ、義理の書となった易を、ふたたび象にとり戻そうとしたのである。唐の李鼎祚《りていそ》の『周易集解』もまた漢易にしたがい、象数の学を述べたものである。

程伊川と時を同じくして邵雍《しょうよう》がでた。康節先生と号し、焦贛、京房の易派に属していたが、すぐれた予言者として知られ、天津橋上に杜鵑が鳴くのを聞いて、宋朝の末期に近いことを予言したという逸話の持ち主である。

このほか宋代で易を註した者としては、司馬光、張横渠《ちょうおうきょ》の易説があり、そのごには蘇東坡《そとうば》の易伝がある。欧陽修が『易童子問』を作って、十翼の孔子作を否定したことは有名であり、趙南塘《ちょうなんとう》、陸象山もまた十翼が聖作でないことを主張した。

しかし周茂叔、二程子の伝統は、朱子にいたって最高潮に達し、いわゆる朱子学として大成した。朱子の門下に易を学ぶ者七十人とさえいわれ、易学上では動かすことのできない一大巨峰となった。

朱子は名を熹《き》、字を元晦《げんかい》といい、南宋高宗の建炎四年（一一三〇年）に福建省で生まれ、寧宗の慶元六年（一二〇〇年）、七十歳で死んだ。南宋の時代は、高宗にはじまり衛王にいたるまで九代百五十二年間（一一二七―一二七九年）であったから、南宋の樹立後まもなく生まれ、全生涯を南宋時代に送ったのが朱子であった。

北宋のあと南宋の時代になったとはいっても、宋朝はわずかに江南の地で余命を保つだけの存在にすぎなかった。北方の大部分は、すでに金が占有しており、まもなくチンギスハンによって、それらがモンゴルに統一されたのも、同じく南宋の時代であった。いいかえると南宋などという国家は、独立の名に値するほどの存在ではなかった。そんな南宋だったにもかかわらず、文化史的にみると無視できない存在になっているのは、遼・金・元のモンゴルよりも優秀な文化を生んだからであり、朱子のような逸材がいたからである。

朱子が生涯の心血をそそいだ著述は、『論語』『孟子』『中庸』『大学』のいわゆる四書にかんする講釈であったが、易については『周易本義』十二巻、『易学啓蒙』四巻の大作がある。

朱子は易伝を作るにさいしては、王弼本を底本としており、周易そのものの見解はあくまで占いの書であるという立場をまもっていたが、それからさらに発展して、いわゆる理気哲学の提唱をした。

太極を無極としてみ、それが二気五行に分かれて万物の生成する過程をさいしょに説いたひとは周茂叔であったが、この周子の太極論を程子の哲学で解釈したのが朱子である。それで万物には理と気の両面があり、理が物に性を与え、気が物に形を決定するのだといった。宋末の呂祖謙も程子の説を敷衍したひととみられる。

万物の生成は気によるというのが、易の伝統的な考え方であったが、それを理気一体のものとして考えたのが朱子である。もっと正確にいうと、朱子はむしろ理を主とする傾向さえもっていて、「理先気後」とさえいった。したがって朱子は「窮理」の重要性を力説した。ものの条理をきわめることが窮理であり、それを第一義とする考え方は、当然、現実に則し、実際と結びついた教義になる。実理である。やがて朱子学が儒教としての政治的性格をおびてくることになった所以は、この中国人らしい実利的なものの考え方によるものとみられる。

また窮理することは占いそのものにも不可欠のものであって、まず事のなりゆきや周囲の事情を客観的に考え、ものの道理、あり得べからざることをありと予断するのは、窮理に反するわけである。

朱子については、日本の易学にも大きい影響をおよぼしたが、このひとは単なる易学者ではなく、儒学全体の代表的存在であった。

朱子学に対立しておこった新しい儒学が陽明学であった。南宋の陸象山から出発して、明の王陽明が首唱したところのものである。陽明学のことを「陸王の学」ともよんでいるが、それは陸象山・王陽明の学問という意味である。

易に対して造詣のふかかった朱子は、易学に大きい貢献をしたが、陽明学はしだいに易から離れ、行動を律するに、もっと主知的な態度をとろうとするようになった。したがって、陽明学と易学のかかわりは浅くなった。

儒教を新旧の二派に分けてみるならば、朱子学は旧に属し、陽明学は新に属する。旧派の儒教は五経の註釈と、註釈の註釈すなわち講疏正義の類をもって、訓詁学的に研究し、それを修養の道としたが、新しい儒教では四書の研究に移っていった。その意味からいって、唐の孔穎達が勅を奉じて撰した『五経正義』は、易学上の最終的な総決算をしたものともみられる。

元《げん》、明《みん》の代にもいくたりかの大儒はでたが、その多くは宋儒の説を踏襲したものである。なかにも明朝の来知徳、何楷《かかい》が知られている。来知徳は万県求渓の深山に隠れ、読易二十九年といわれるが、とくに錯綜と象にくわしかった。何楷の説は、多くを漢儒の古説によって敷衍したものである。また同じ明朝に、占いの大家としては劉伯温があった。

さらに下って清朝になると康熙帝御纂の『周易折中』、同じく乾隆帝の『周易述義』が知られている。恵定宇、張皐文《ちょうこうぶん》、毛奇齢らもこの時代の人であった。しかし清儒は考証的な方面に努力したというだけで、それ以上いうべきところはない。

易の日本への伝来と内容の変化

日本と中国は同文同種であるとはいっても、文章の構造がまったくちがうので、伝来した『易経』を日本語として解釈できるようになるまでには、ずいぶん骨の折れたこととおもわれる。

同じ文字をつかっていても、中国文では日本文とちがい、主語・動詞・目的語の順にならべられるので、われわれはそれを読むのに訓点をつけるという便法を考えだした。返り点をつけたりして、奇妙な読み方をするわけである。

たとえば経文のなかから一例をひろってみると、屯《ちゅん》の卦辞に「勿用有攸往、利建侯」というのがある。訓点なしの白文のままを、いきなり目の前にだされたら読解に苦しまざるをえない。これを中国人ならば「ウー　ユン　ユー　ユ　ワン　リ　チェン　フー」と読みくだしたままで理解するだろうが、日本では「勿レ用レ有レ攸レ往、利レ建レ侯」と全部に返り点をつけて「往《ゆ》く攸《ところ》あるに用《もち》うる勿《なか》れ、侯《こう》を建《た》つるに利《よろ》し」と下から上へ読みあげていく。

こうして、まず読み方を知ってから、つぎに経文の解釈に移り、「進みたくても進むべきときではない、（有徳の士を）侯に建ててからにするのがよろしい」という意味がわかることになる。

また、訓点のつけ方によっては意味の相違をきたすこともある。たとえば大有の初九に「无交害、匪咎」とあって、これは「无レ交害、匪レ咎」（交《まじ》わることなきは害《がい》なり、咎《とが》に匪《あら》ず）と読むべきものだが、それを「无レ交レ害」（害に交ることなし）という読み方をするひともある。

初九は最下位にあって、上位の六五から遠く離れているため、目上の人との交際がえられない。それは被害であり、災害であるが、自分の犯した罪でないから咎にはならないと解釈される個所であって、「害に交わることなし」では意を尽さぬことになってくる。

もうひとつ、日本文と中国文の大きい相違は、「てにをは」に相当するものが中国文にはほとんどないことだ。名詞や動詞、それに形容詞などがならべられてあるだけで、前後の結びつきがはっきりしないために、意味の明確さを欠くことがある。

『易経』の本文にも、その意味が不明確で、解釈のしようによっては、どっちともとれるようなあいまいな個所がしばしばでてくる。たとえば否の卦辞には「否之匪人」とあり、比の爻辞六三には「比之匪人」というのがある。中国音で読むと「フォー　チー　フェイ　レン」と「ピ　チーフェイ、レン」となり、アタマ一字の音がちがうだけのことになるだろうが、われわれが解釈するためには、つぎのように訓点の相違をつけて読んでいる。

否之匪レ人（否《ひ》は之《こ》れ人《ひと》に匪《あら》ず）

比レ之匪レ人（之《これ》に比《ひ》するは人《ひと》に匪《あら》ず）

前者は、上下の意志が疎通を欠いて否塞されているのは人道でない、という意味であり、後者は、之なる六三に親比し、親密にしてくるべき人ではないの意である。このばあい、もしも「てにをは」に相当するものがあれば、もっと容易に経文の読解ができるはずである。

ともかく、易の経典が伝えられたとはいっても、それを日本語になおして理解するまでには、多くの先儒によるながい年月の労作を必要とした。

さいしょ、わが国に易が伝えられたのは、欽明天皇の十四年（五五三年）朝鮮半島の百済《くだら》からで、その五十年後、推古天皇の十年（六〇二年）にふたたび百済から「遁甲方術の書」がもたらされた。

その推古天皇の時代に、皇太子である聖徳太子が「憲法十七条」を制定したことは重要な出来ごとであったが、その条文には、あきらかに『易経』に学んだとおもわれる句があるとされている。

しかし、中国の易がはっきりとわが国に根をおろしたのは、さらに百年後のことであった。すなわち文武天皇の大宝二年（七〇二年）、大宝律令が施行されて、陰陽寮《おんみょうりょう》の制度が設けられてからである。

わが国の陰陽寮は、まったく唐の制度をまねたものであるが、その規模はまことに貧弱で、当初は陰陽博士が陰陽頭《おんみょうのかみ》を兼ね、その下の陰陽助（副官のようなもの）を含めて、せいぜい四名ぐらいが職務にあたっていた。

陰陽寮の規模は小さくても、かなりの発言権をもっていたことは事実のようで、奈良遷都のさい、平城京の土地を定めるときの詔勅からも、そのことがうかがえる。すなわち和銅三年（七一〇年）、元明天皇の詔勅にはこうある。

「方今平城の地、四禽図に叶い、三山鎮めをなし、亀筮並び従う、宜しく都邑を建つべし」

「四禽図に叶い」というのは、四つの方位ともに注文どおりということで、地相上にいうところの四神相応《しじんそうおう》の地を意味している。易を知るものでなければ、出てこない用語である。

また、そのご平安京に移ってからの町づくりをみてみると、朱雀大路というのがある。朱雀は易にいうところの南方であって、皇居から南へ走る大通りをさしていた。「君子に南面す」ということばを町づくりのうえにあらわしたものである。

平安時代になって、藤原氏の勢力がさかんになると、まもなく遣唐使は廃止された。しかし五経関係の典籍は、それまでに相当の数が輸入されていたので、後年の儒学勃興をきたす素地は、じゅうぶんにできていたのである。

陰陽寮では、陰陽頭を長官として、その下で働く副官には暦・天文・陰陽・漏刻を受け持つそれぞれの博士がおかれて、さいしょは帰化人が多かったが、平安朝の初期になると賀茂家（または加茂家）の一族が勢力を占めるようになり、とくに賀茂忠行は陰陽道を家学としてまとめあげた。

ところが平安中期、賀茂保憲の代になると、家学を二つの部門に分け、嗣子の光栄《みつよし》には算数を主とする暦道を教え、吉凶の判断を主とする陰陽道のほうは安倍晴明に譲ることにした。

安倍晴明は陰陽道の本家であっただけに、奇怪な伝説に包まれた人物でもあった。それについては、こんな話まで伝えられている。

摂津の国安倍郡の郡司、安倍保秋の子、保名が信田明神へ参拝したとき、その境内へ足尾道満の弟が三匹の狐を追いこんできた。そのなかの一匹である牝狐は、保名の幕の内に逃げこんだので、それを助けてやった。そのことがあってのち、保名は山中で一人の美女に出会った。そしてその美女が自分の助けてやった狐の化身とも知らずに恋仲となり、ついに家へ迎えて妻とした。

やがて一子を生んだその女は、ある日のこと庭に咲いている美しい菊の花に見とれているうち、うっかりして尻尾を出したところをわが子に見破られてしまった。それで女は、

恋しくばたづね来て見よ　いづみなる
　信田の森のうらみ葛の葉

という一首の歌をのこして、信田の森へ帰ってしまった。しかもその狐が生んだ男の子が、安倍晴明にほかならな

いという話になっている。

平安時代の伝説集である『日本霊異記《りょういき》』を読むと、これに類する、狐を妻にして子を生ませた話などがしきりに出てくるので、そんな話を安倍晴明にからませたものとおもわれる。

平安期の陰陽師にかんする記録は、おおむね誇張したものであって、陰陽博士の賀茂道世については、こうも書かれている。

「覆物を占えば日をみるがごとく、もののけを推せば掌を指すがごとくに正確に当てる。彼はまた自由に十二神将を進退し、三十六禽を前後し、式神を仕《つか》い府法を造ることができ、自在に鬼神の眼を開閉し、男女の魂を出入さすことができる」

時代はくだって織田信長の頃になると、賀茂家は絶えてしまったので、陰陽道はもっぱら安倍家のつかさどるところとなり、晴明から十八代目のとき土御門家を名乗ることになり、徳川時代には十万石の禄をもらっていた。

賀茂家はいったん絶えたが、のちにその流れをつぐものがでて幸徳井《かでい》家の名乗りをあげ、土御門家の配下に属した。土御門家にもいくたの起伏はあったが、徳川時代の暦作りを受け持つかたわら、諸国に散在する陰陽師の元締めであった。そして明治維新のさいは、子爵をさずけられて、京都から東京へ移住したのである。

だいたい徳川時代における陰陽道、およびそれから派生した家相学は、江戸よりも京・大坂のほうがさかんであった。とくに実利と結びつきやすい家相学においては、そうであった。

同じ上方《かみがた》方面でも、大坂の松浦鶴雄《かくゆう》と、摂津高槻の神谷正晴《まさはる》（古暦《これき》と号す）の二大系統があった。すなわち鶴雄のあとを松浦東鶏がつぎ、東鶏には明喬、東渠、琴鶴の三人の門下があった。最後の琴鶴は安永三年（一七七四年）に生まれ、嘉永三年（一八五〇年）の死となっているから、もう徳川末期の人であったことがわかる。

高槻の神谷正晴は、そのあとを平岡米山《べいざん》、浅井金蘭、太田錦城とつづぎ、錦城には荒井堯民、海保《かいほう》漁村の二門人がいた。しかし関東方面にも家相研究家がいないのではなく、小石川伝通院前に居をかまえた儒者、尾島碩聞《おじませきぶん》、出羽藩士の平沢白翁などが知られていた。

家相をみることをわが国では「相宅」といい、徳川時代の中ごろからは、中国の『宅経』を離れて、独特の研究や意見をつみかさねるようになった。それだけにまた迷信化されたものも多くなった。

陰陽道の土御門家がなくなったあとも、京都にはその宗家をつぐと称する土御門氏なるものがいて、易書古伝を蔵するといわれるが、いたずらに煩雑な迷信をふりまわし、易の本流からは遠く離れるものになった。たとえば畳数によって吉凶を生じるというがごときは、そういう迷信の極端なものである。

それはどんなことかというのに、一を乾とし、二を兌、三を離、四を震、五を巽、六を坎、七を艮、八を坤とすることは略筮法でもおこなわれるが、その数字を畳数にあてはめて、一畳は乾の六白金気、二畳は兌の七赤金気、三畳は離の九紫火気、四畳は震の三碧木気、五畳は巽の四緑木気、六畳は坎の一白水気、七畳は艮の八白土気、八畳は坤の二黒土気であるとみる。そして九畳以上のばあいは、八を除去した残余の数をとりあげて、九畳は一畳、十畳に二畳というように考えた。

こうして畳数を五行にあてはめ、その相生相尅によって判断をくだした。したがって三畳の間がつづくと火気と火気が重なって火難ありとしたり、三畳に八畳がつづくのは火生土の相生でいいが、三畳に六畳がつづくと火尅水の凶になるといったあんばいである。

また四畳半が不可なりとする説は、四畳が三碧木気であるところに、半は六白金気もしくは二黒土気とみなされるので、いずれにせよ木気とは相尅で、凶なりと断じられた。しかし四畳半は日本住宅のどこにもあるもので、それが凶となれば、どこにも住めないことになる。

畳というものは、時代により、また地方によって大きさを異にしていた。近畿地方でいうところの京間は長さ六尺三寸、幅三尺のものを用い、これに対して田舎間ともよばれる関東物では長さが五尺八寸、幅三尺になっている。また名古屋は名古屋で、別の寸法によるといったありさまである。

大きさが違っているのはまだしもとして、畳を取り払って、その部屋を板敷きにしてしまったら、吉凶はどういうことになるのか。こんな迷信のはびこっていた時代があったのである。

この種の陰陽師は別として、学としての易がわが国にひろまったのは徳川時代も末のころ、朱子学がさかんになってからである。すなわち十一代将軍家斉《いえなり》が異学を禁じ、朱子学を正学と定めてからのことである。

ここで注目したいことは、わが国の朱子学へ大きい影響をおよぼしたひとに、朝鮮の生んだ大儒、李退渓（一五〇一—一五七〇）のいたことである。

さいしょに易をわが国へ伝えたのは、すでに記したとおり、欽明、推古の朝に来訪した百済の使者であったが、それから約一千年後、朱子学の紹介についても、ふたたび朝鮮から学ぶところが大きかったのである。

朝鮮から図書を輸入することは、足利・室町時代からすでに始まっていたが、大量の書籍が舶載されたのは秀吉による朝鮮出兵、すなわち文禄・慶長の役によるものであった。戦役は無益なものであったが、文化財を将来したという点では、思いがけない利得をわが国へもたらす結果となった。

慶長七年（一六〇二年）、徳川家康は駿河文庫の開設ということをしたが、そこに収められた書籍の半ば以上は、朝鮮の将来本だったのである。

日本儒学の開祖とみられる藤原惺窩《せいか》（一五六一—一六一九年）およびその門下であった林羅山（一五八三—一六五七年）は、当然この文庫に収蔵されている朝鮮本の読者だったにちがいない。なぜならば、羅山は家康に仕えて文庫の管理をもしていたからである。

文禄・慶長の役は、大量の朝鮮本を将来したばかりでなく、活字と印刷技術をも輸入し、わが国の活字印刷のうえに革命的な進歩をもたらした。と同時に、朝鮮本を底本としての翻刻がしきりに行なわれるようになり、易学書でいうと、『周易伝義大全』『易学啓蒙』などがそれであったし、李退渓の著作もほとんど全部がわが国で入手できるようになった。

惺窩、羅山のあとに出て、日本朱子学の先頭に立ったのは山崎闇斎(一六一八—一六八二年)であって、闇斎もまた李退渓の書に学ぶところがあるにはあった。しかし闇斎は『朱易衍義』のなかで、退渓の『易学啓蒙』に批判を加えたりしているところをみると、退渓の説を鵜呑みにしたわけではなく、易にもよく精通して一家言をもっていたことがわかる。加うるに闇斎は、その門に学ぶ者一千人といわれたほどで、水戸学がおこる以前にあっての勢力は、すこぶる大きかった。

朱子学の成り立ちをもう一度考えてみると、この思想を生んだ南宋が、遼・金という異民族に圧迫されている時代のものだったことに気づく。したがって、そこには民族意識を高揚し、君主制度の秩序を守ろうとする建て前がおのずから生まれた。

その思想を推し進めていくと、大義名分を立て、君臣の序を守り、忠節をつくすという封建主義につながることとなり、徳川の藩政時代にはまことにあつらえむきなものであった。朱子学を中心とする儒教が、当時のわが国によく受け入れられた理由の一つには、そんな点もあったとおもう。

また、朱子学では窮理主義の立場をとり、物事を論理的に、知識的に判断し、処理しようとしたので、いきおい易についても合理的な解釈をくだすようになった。したがって迷信的なものを好み、呪術的な要素の多いシャマニズムとは相容れないものであり、その点で易学者と陰陽師の区別がはっきりしてきて、それぞれ別の立場をとるようになった。

闇斎にややおくれての儒者としては、陽明学の熊沢蕃山（一六一六―一六九一年）があった。そして伊藤東涯（一六七〇―一七三六年）が出るにおよんで、易の研究はさらにふかまり、欧陽修の説を支持して「十翼の作者は孔子にあらず」と断じるまでにいたった。

十七世紀の中葉、中国ではすでに清朝の時代になっており、易学の興隆期が宋までだったとみるならば、そこには四百年以上の歳月がすぎていた。したがって、日本の儒者のあいだで易学がさかんになった時期は、中国とのあいだにすくなくとも四、五百年のへだたりがあることになる。のみならず、今の中国大陸で易を語るものはほとんどいないにもかかわらず、わが国での易学研究家は依然としてあとを断っていない。

とくに徳川末期から明治年間には、易学家として知られたひとも多く、大橋順蔵、片山兼山、新井白蛾、中村惕斎、林通春、林恕、三宅重固、皆川淇園などがいた。さらにあたらしく、明治期の人としては根本通明、遠藤隆吉のごときがおり、また占筮家としては高島呑象が知られていた。

これによってみると、外国文化の古典を学んで、しかもそれを保持することの誠実さにおいて、日本くらい熱意のある国はほかにあるまい。

これは余談になるが、琉球王朝の時代、中国から来朝する冊封使《さくほうし》をよろこばせるために明清《みんしん》の楽曲を演奏するならわしがあった。明が滅んで清の時代になったとき、大陸から清朝の使者が那覇にきて、明楽が演奏されるのを耳にして驚き、「おやおや、清朝ではもうきけない明楽が琉球には残っているのか」といったそうである。そのデンでいうと、中国でほとんどかえりみられない易学が、日本にだけは残り伝えられているという事情になりかねない。いや、すでにそうなっているのである。

『易経』の思想と考え方

吉凶悔吝――帝王学の教材――天子の故事――三駆の法――宰相・元帥の心得――三賜三命――聖人――君子――大人――小人――「元亨利貞」の四徳――天地人の三才――四徳五常――中道の尊重――時中――中行――中直――乾坤二卦――陰陽の消長――消息卦と十二支――易断所の看板の意味――艮と兌――沢山咸と山沢損――陽位と陰位――既済と未済――太極のシンボル――太極・両儀・四象・八卦――蓋天説と渾天説――天動・地動説の由来――星雲説――太極即無極説――太極二元論

『易経』は、もともと占いの書として作られたもので、筮竹と算木をもって占う者が指針とするところの実用書であった。しかしこの書には、全体を通じて流れているいくつかの思想があり、その思想のうえに立って吉凶悔吝の判断がくだされている。だから、経文の根底に流れているものの考え方をのみこんでしまえば、いちいち筮に訴えなくても、おのずから判断はできるはずである。「よく易を知る者は筮せず」ということばは、そのことをさしている。

古来、『易経』の読み方には二通りあって、これを単に占いの書とみるものと、人倫の道を説いた義理の書とみるものとに分けられる。しかし筮に訴えるのはよくよくのことであって、人間の出処進退に重んずべきものは、まず義理である。理を窮めつくしてのち、なおも迷いがあるばあいにのみ占いに問うのであって、しかもその占いは繰り返すべからずとされている。蒙卦のことばに「初筮は告ぐ」というのがそれである。一度占いをしてみたが、おもしろくないというので、再三試みるようでは、その精神がよごれているので告げられないというのだ。

『易経』の思想といっても、それはごく普遍的なもので、誰にでも納得のできるものだが、それらのうちとくに大きい特徴となっている点をいくつかあげてみることにする。

帝王の書といわれる理由

『彖伝』『象伝』以下の十篇からなる十翼は別として、易の根幹をなす『卦辞』（彖辞）と『爻辞』（象辞）のうち、『卦辞』は周の文王によって作られ、『爻辞』は周公によって作られたというのが、ほぼ定説になっている。いいかえると周易は、周の国王や王族によって作られたのである。したがって経文にでてくる事柄も、政治にかんすることや、国王としての心得、宰相としての任務などにかんするものが圧倒的に多い。もしも帝王学なるものがありとすれば、『易経』はその教材として、まず第一にあげられるべきものといえる。

帝王の心得を抽象的にのべるだけでなく、ときにははっきりと人物の名前や地名をあげたことばもある。たとえば「帝乙妹《ていいついもうと》を帰《とつ》がしむ」とか「箕子《きし》の明夷《めいい》なり」、また地名では「王用《おうもっ》て西山《せいざん》に亨《きょう》す」などとある。朱子の説によると、これらのことばは、それらの王族が実際に占ったときの故事によったものといわれる。いずれにせよ、周の王家がみずから王族のために作易したのであるから、「帝王の書」にほかならない。

帝王、つまり天子の故事によるところのことばをいくつかあげると、次のようなのがある。

「帝乙妹を帰がしむ」というのは、泰の卦と、帰妹《きまい》の卦の、いずれも六五にでてくる。帝乙は湯王であるとも、また武王であるとの説もあるが、殷の帝乙（紂王の先代）をさすとする説が最も有力である。殷の天子は、いずれも誕生日の十干をとって名のるのが慣例になっており、きのと（乙）生まれの帝が帝乙であった。六五の帝乙は天子の位にいるが、自分の妹を九二の賢臣に降嫁せしめることによって、国家の安泰をえたというのである。

「箕子の明夷なり。貞に利《よろ》し」というのは、明夷の六五にある。夷は傷《やぶ》られ傷つけられるという意味で、明が傷られて暗黒になることを明夷という。殷の紂王が暴虐をきわめ、天下の明が夷《やぶ》れた時である。箕子は同族の肉親として側近に仕え、紂王を諫めたが聴き入れられなかった。これ以上諫めてもむだで、かえって傷害の身におよぶことを知り、髪ふりみだして狂人のまねをした。佯《いつわ》りて狂人となり、その害を免れたので、いわゆる「佯狂《ようきょう》の奴」と称される。自らの明を晦《くら》まして、内に貞正を守ったのがよろしいというのだ。

「王用て西山に亨す」というのは、随の上六にあり、升の六五には「王用て岐山《ぎざん》に亨す」とあるが、西山は周の領内の西方にあり、岐山にほかならない。ここに王とあるのは、周公が文王をさしたものである。文王が天下の三分の二を領有しながら、未だ時にあらずとして、殷に服して臣節を守り、自分の領内にある岐山の神を祭るにとどめて、その分を超えなかったことをいう。

亨すとは祭祀をすることで、益卦の六二に「王用て帝に亨す」ともある。王が天帝、すなわち天なる神の祭りをとりおこなったの意である。

既済《きせい》の卦、九三には「高宗《こうそう》、鬼方《きほう》を伐《う》つ。三年にして之に克《か》つ」とある。高宗は殷の武丁のことで、殷室を中興した賢君とされている。鬼方は遠くの北狄をさし、高宗のような剛君でさえも、上六の遠方を討伐するのに、三年の歳月を要したというのである。

また天子たるものの心得として、比の九五では「王用て三駆《さんく》して前禽《ぜんきん》を失《うしな》う」といっている。比は親しむの義で、親比するともいう。われに来たり親比する者を拒まず、去る者を追わぬのが王者たるものの比道である。その比道を狩猟に喩えて「三駆の法」といった。

「三駆」というのは、三度狩ることではなく、四面を包囲するところの合囲の法とちがい、三面に網を設け、一面だけは開いておき、そこから禽獣の逃げる余地をのこしておくやり方である。

『礼記』王制に、「天子（段の湯王）は合囲せず」とあるところから出たもの。
一網打尽に獲り尽くしてしまうと、そのあとに繁殖していく種をなくするので、一時の収獲を貪らないことにしたものである。このように三方から追い立てて、前の方を一面あけて狩猟をするから前禽を取り逃して失うといった。万事、深追いすることをいましめたものである。

卦辞・爻辞のなかには、固有名詞をあげずに、単に王と呼んだものもかなりあり、その二、三をつぎにあげる。漢《かん》の九五には

「漢のとき其の大号《たいごう》を汗《あせ》にす。渙のとき王として居《お》るも咎なし」

とある。渙は散じ、流れ散じ、解け散じるの意味だ。

王の天下にくだす号令は、いったん発せられたら、それを撤回することはない。汗をだして病熱を散じるように、大号令を発して天下の欝結を散じるのだ。王は陽剛中正で、九五の尊位におり、側近に六四の大臣を従えているから、王としてその地位に居るになんの咎もないというのだ。

また裁判、裁決にかんしては、夬《かい》の卦に

「夬は王庭《おうてい》に揚《あ》ぐ。孚《まこと》ありて号《さけ》べども厲《あやう》きことあり」

とある。

夬は決し去るの意味で、一人の小人（一陰）が君子の側近にいるので、それを裁決するばあいをいう。そのときは小人の罪状を王の朝廷に上聞し、その罪を大いに鳴らすべきで、ここではそれを王庭に揚ぐといった。小人の罪状を明らかにしようとすることは、誠心誠意があるからだが、一陰の小人は側近の元老であるから、へたをすると逆捩じを喰わされる惧れがないとも限らぬと警戒したことばである。

宰相・元帥の心得をさとしたことばとしては、師卦の九二に

「師に在りて中なれば吉にして咎なし。王三《み》たび命《めい》を錫《たも》う」

とある。軍中にあって三軍を統率する将軍は、剛の一点張りでも部下の心をつなぎ難く、さりとて柔に過ぎれば事が成らぬ。よく中道を得れば勝利の吉を得て、咎はなく、三たび王の賞勲が受けられるという意味である。ここでいう錫は賜と同じで『礼記』中には三賜を解釈して

「三賜は三命なり。凡そ仕うる者は一命して爵を受け、再命して衣服を受け、三命して車馬を受く」

とある。

卦辞・爻辞の解釈をした『彖伝』・『象伝』になると、王とはいわずに、先王と呼ぶばあいが多くなっている。先王といっても特定の王をさしたのではなく、ただ漠然と先代の王といっただけのようである。

たとえば比の象には「地上に水あるは比なり。先王以て万国を建《た》て、諸侯を親しむ」とある。水が大地へ浸み込むように密接に親しむことが比の道である。明君の徳が人民の間に深くゆきわたるのもこれと同じで、最初に国を建てるところの王は、この比徳を以てあまねく諸侯に親しむといった。

噬嗑《ぜいこう》の『象伝』には「雷電は噬嗑なり。先王は以て罰を明《あきら》かにし法《ほう》を勅《ととの》う」とある。

震雷の気が動くところに電光が発する。それが噬嗑である。先王はそれと同じように刑罰をはっきりとさせ、法律を整備するとの意である。

また无妄《むぼう》の『象伝』には

「天の下に雷《らい》行《ゆ》き、物ごと与《みな》无妄なり。先王は以て茂《さかん》に時《とき》に対して万物を育《やしな》う」

とある。无妄の卦は上に乾天があり、下に震雷がある。天の下に雷気がめぐり行く象で、雷鳴によって万物が喚び起こされ、発生する。天の元気のめぐり行くところに発する万物であるから、物ごと皆これ无妄、すなわち至誠である。

先王はこの天の動きに従い、時に違わずして、おおいに万物を養育する。時に違わずとは、春に田を耕さしめ、夏に虫害を除き、秋に五穀の刈り入れをさせるというように、その時季に違わないことである。

さて易には、しばしば解読に苦しむようなことばがある。蠱《こ》の卦辞にでてくる

「大川を渉《わた》るによろし。甲《こう》に先《さきだ》つこと三日、甲に後《おく》るること三日」

のごときは、最も難解とされている。何楷の『定話（ていこ）』には、これに十七の解ありとして、それらをあげ、ついに定説を得ずとしているが、最も平易な解釈を妥当とみるべきだろう。

甲乙から始まり壬癸に至る十干は天の運行を示し、循環して尽きないものであるが、これを人事にとれば、甲《きのえ》を事のはじまりとする。甲に先だつこと三日は辛《かのと》にあたり、辛は更新・革新の意味があって、はじまりの工夫を立てる日である。甲に後れること三日は丁《ひのと》にあたり、丁には丁寧・反覆の意味があって、事のはじまりを反省する日である。それで大川を渉るなどの大事業をするには、事前に慎重審議し、事後にまた反覆考慮する必要があるとの意味である。そしてこのことばには明示されていないが、武王が殷の紂王を討伐するのに甲子の日を選んで師を進め、その前後を慎重に考慮したのがこれであるといわれる。

このように、王と明記されなくても、王の故事にもとづくことばもあるし、また王と書かれていても、さらに広義に解釈すべきばあいもある。家人《かじん》の卦、九五には「王、家を有《たも》つに仮《いた》る」とあるのがそれで、家人とは夫婦、父子、兄弟などの一族全部を含めたものである。それでこのばあいの王は、九五の尊位にある家長をさしたものと解釈し、その家長が家人とよく協力することによって家は治められるという意味である。

王とか先王という用語をあげれば枚挙にいとまないほどあるが、要するに『易経』というのは、王族が王族のために作った書であるからだ。しかし易でいうところの王は、それを八卦でいえば乾にあたり、乾の象は宰相、社長、一家の主人、また女に対する男ともとることができるのであって、そのように広義の解釈をすることによって、自由に

運用されるのが易である。

聖人・君子・大人の使いわけ

経文には、聖人・君子・大人ということばがしきりに出てくる。聖人は聖人として通じ、君子は君子であり、大人は大人にほかならない。ところが『易経』の講義をしているとき、熱心な聴講者の一人から「聖人、君子、大人のそれぞれがどうちがうのですか」という素朴な質問をされたことがある。なるほど、そういう疑問もでるわけであった。

いったい中国人は、完全無欠な人格者をさして聖人というようで、たとえば有史前の皇帝、堯・舜をさすこともあり、ときには周の文王、その子の武王、その弟の周公の三人をさすこともある。いずれにしても、非の打ちどころのない、理想的な有徳の士を聖人といったようである。

しかし、上経・下経の本文には、聖人という用語がでてこない。それが見られるのは『繫辞伝』『文言伝』などの十翼のなかだけである。このことは、『易経』の本文は周の文王、周公によって作られたが、それに解釈を加えた十翼のほうは、後世の作であることを証明しているかとおもう。本文の作者である文王、周公が、みずからを聖人と名乗るわけはないからである。

『繫辞上伝』には「聖人卦《か》を設《もう》けて象《しょう》を観《み》、辞《じ》を繫《か》けて而《しこう》して吉凶を明《あきら》かにす」とあって、このばあいの聖人は八卦を設けた伏羲をさしたものである。すなわち、その聖人が天地自然の象《すがた》を観察することによって、それをことばにあらわしたというのである。

さらにつづいて「是《こ》の故に君子の居《お》りて安《やす》んずる所の者は、易の序《じょ》なり」とある。君子が居るところの境遇や立場に安んじていられるのは、易に書き示したとおりの次第である、という意味である。したがって、この文面によると、易の作者が聖人であり、その易をよく守るものが君子ということになる。

ところが『文言伝』によると、乾の九五を説いて「聖人作《おこ》りて万物を観る」としながら、そのあと用九の説明では「其れ唯《ただ》聖人か。進退存亡を知りて其の正《せい》を失わざる者は、其れ唯聖人か」とある。進むを知りて退くを知らず、存するを知りて亡ぶことを知らざるは、節度なき者の行動であって、進退存亡を正しく認識し得る者のみが聖人であるという意味だ。してみると、このばあいの聖人は、作易者とのみ限られていない。要するに、己れの行動をよく律し得るものをも、聖人とみている。

ところが後世になると、天子・皇帝をも聖人と呼ぶようになり、また孔子なども聖人の一人にかぞえられた。そして一芸にひいでた抜群の人物にも聖の字をあてはめて、書道家では王羲之を書聖と呼び、詩人では杜甫を詩聖と呼んだりするようにもなった。

聖人ということばは、易の本文中では、まれにしかでてこないが、君子というのはしきりに用いられている。とりわけ十翼の『象伝』では、頻繁にでてくる。もともと十翼は複数の作成者によって書かれたものと想像されるのであって、『象伝』だけに君子ということばの偏在していることは、それを証明しているかとおもわれる。

「君子は危うきに近よらず」などといわれ、日常にも親しまれていることばである。また「君子はその独りを慎《つつ》しむ」（『中庸』）なども知られている。とくに知られている文句には「君子は豹変《ひょうへん》す」というのがあり、これは易の革卦上六からきたことばである。

革は変革、革新の卦であるが、その九五で「大人は虎変す」といい、上六で「君子は豹変す」とのべている。大人は百獣の王たる虎に比すべきもの。その虎は夏から秋への移りかわりに、毛が抜け替わって一段と美しくなるが、それを大人のおこなう変革にたとえて、鮮かに一新することを「虎変す」といった。

しかるに豹は虎より小なるものと考えられ、君子が面目を一新して豹変するのは、大人の虎変するに及ばないとはいいながら、それに似ているとの意味である。してみると、君子と大人のいずれが上位にあるとも、決しかねることになろう。

また乾の九三では、君子のことをこういっている。

「君子は終日乾乾《けんけん》し、夕《ゆうべ》に惕若《てきじゃく》たれば、厲《あや》うきも咎《とが》なし」

『論語』などでは、人徳の完成者を君子としているようだが、このばあいはちがう。君子は終日孜々として努力し、さて夕刻になっても怠りなく慎めば、あやういことがあっても、免れてトガはない、というのだ。

剛健の乾徳に対して、柔順の坤徳があり、その坤の卦辞には「君子往《ゆ》くところ有れば、先《さき》だちて迷い、後《おく》るれば主《しゅ》を得《う》」とある。坤徳をそなえる人、すなわち君子は往きて事をなすばあい、自分が主となり、先きに立とうとすれば道に迷うことになり、それに反して、上長の命をよく奉じ、あとに従っていくならば、ながく主を喪うことがないというのだ。

これによってみると、乾の卦では乾徳ある者を君子といい、坤の卦では坤徳ある者を君子というのであって、自由に解釈できるようになっている。こんな点が、また易の特長でもある。

君子の用語例は枚挙にいとまがないほどあるが、もうひとつ、別の意味のものとして、屯《ちゅん》の六三をあげてみよう。

「六三は鹿《しか》に即《つ》きて虞《ぐ》なく、惟《ただ》林中《りんちゅう》に入る。君子は幾《き》をみて舎《す》つるに如《し》かず。往《ゆ》けば吝《りん》なり」

古くから鹿は狩猟のえものの中でも、最も高貴なものとされていた。それから転じて「鹿を逐う」とは、爵禄を追い、利を追うのと同意義に解され、「中原に鹿を逐う」といえば、天下を争うの意味ともなった。虞とは虞人のことで、猟場の案内人のことである。鹿を追って猟場にはいっても、山の案内人がなくて、ただひとり林の中に踏み込むとすれば、迷路に深入りするばかりである。それ故、君子は機微を察し、早く見切りをつけて、鹿を見捨ててしまうのがよい。いたずらに深追いすることは、道に迷って「吝なり」とある。

易には「吉凶悔吝《きっきょうかいりん》は動より生ず」ということばがあり、行動することによって、吉凶悔吝は生じるのだという。よくないことを吝といい、また悔といい、さらに悪いのを凶という。悔のときは吉に転じる見込みがあるけれども、吝というときは、さらに悪化して凶になりやすいことを意味している。

さて、次は大人のことになるが、乾の九二にはこうある。

「九二は見竜田《けんりょうでん》に在《あ》り、大人《たいじん》を見るによろし」

いままで淵に潜んでいた竜が、ここでは姿を現わした。それが見竜である。表面に現われて、たとえば田地が米を生みだすように、社会公共のために貢献し得る地位にたちいたったときは、広く自分の力となるべき人、すなわち大人を求めるのがよろしいというのである。ここでは自分を引き立ててくれる明君とか、先輩などをさしたものである。

ところが、同じ乾卦の九五では「飛竜《ひりょう》天に在り、大人を見るによろし」とあって、飛翔して天位に登った竜、すなわち万民に君臨するような王者の地位についた人でも、自分を輔佐するところの大人が必要である。それで「大人を見るによろし」といっているのだ。

乾の卦では、九二と九五の二カ所に、大人という用語があり、前者の九二でいった大人は、九五の飛竜である大人をさし、九五にでてくる大人は、九二の位にあるすぐれた部下をさしている。

いずれにせよ、力量のある人物をさして大人といったことにはかわりない。そして大人の逆が小人である。「小人は閑居して不善をなす」などともいわれるが、不善をなす者、すなわち小人とは限らない。

小人も、いろいろな卦にでてくるが、おもしろい用例として、観の初六をあげることができる。

「初六は童観《どうかん》す。小人《しょうじん》は咎なし。君子は吝なり」とあるのがそれである。

天子の城門の上には、四方を眺めることのできる見張り台がある。それは、人民が仰ぎ見るところの観台であり、また同時に上から下に向かって、なにか異変はないかと注視するところの場所でもある。したがって観とは、大観し、観察するの意味もあって、見や視の字とはちがった意味をもっているのだ。

「童観す」の童は馬初六の象であって、小児が物を見るように、白を白と見、黒を黒と見るだけで、それ以上の観察ができない。それを「童観す」というのである。小人は自分の生活以外のことはなにも考えない平凡人であって、こういった手合いは見識が浅く、遠くを達観することができないけれども、それは小人に相応していることだから、なんらとがめるに足りない。しかし天下国家の重責にある君子にとっては許されないことで、よくないといわれるのはまぬがれないというのである。

こうみてくると、聖人、君子、大人のあいだに判然としたつかいわけがあるのでなく、その場に応じて、おのずからその意味はわかるとおもう。

「元亨利貞」の四徳の受けとり方

易の経文には、しばしば「元亨利貞」ということばがでてくる。これは六十四卦のうち、乾、坤、屯、随、臨、无妄、革の七卦それぞれの彖辞に見られるのであって、この読み方には「元亨利貞《げんこうりてい》なり」というのと、「元《おおい》に亨《とお》る、貞《てい》に利《よろ》し」もしくは「元に亨る、貞《ただ》しきに利し」というのと二通りある。いずれにせよ、このことばが重要な一句であることを、見のがすわけにはいかない。

まず乾のばあいにかぎり、「元に亨る、貞に利し」と読むよりも「乾《けん》は元亨利貞《げんこうりてい》なり」と読むほうが、ことばの意味を端的にあらわしている。乾は天であり、君主であり、また上長に立つ人、良人、心身剛健の人をさすのであって、その乾には「元亨利貞」の四徳があるというのだ。

元の字は始まりともよみ、大いなりともよみ、また首《かしら》ともよまれる。天の元気によって、万物は始まり生まれるのである。元日といい、元祖という元である。また天の元気は宇宙に充満し、すべての物をおおい、すみずみまで行きわたっている。これくらい大きいものはなく、これは元勲などとして用いられる元である。始まりであり、大である元の徳は、さらに元帥、元老などというところの首でもある。およそ天の徳ほど尊いものはなく、これほど高きにあるはないからだ。

つぎに亨の字は「とおる」とよみ、また「のびる」ともよむ。これは元の気をうけて生じた万物が、思いのままにのび、ひろがることをさすのである。草木が繁茂し、花の満開したありさまだ。易の『文言伝』によると「亨は嘉の会なり」とあって、美しいものの寄り集りである。

つぎの利とは「よろしきを得る」という意味で、天の元気をうけてのびた万物が、よろしきを得ているさまである。太くなるべきものは太くなり、細いままがよいものは細いままにとどまる。いずれも、その「よろしき」を得ている。これが、みな利なのである。

おしまいの貞とは「正しくして固し」という意味である。天の元気によって育ちあがった樹幹がまっすぐに立ち、不動堅固になったありさまをいうのだ。

それで天の四徳、「元亨利貞」を四季にとるならば、元は草木の芽が生まれでるところの春、亨はそれがのびるところの夏、利は草木が生長を適宜のところで止めて実を結ぶ秋、貞は生気が固まって来年の発生に備えるところの冬にあたる。

この四徳を人徳にあてるならば、「仁礼義智」と解釈することができる。天地人の三者は相離れざるもので、『説卦伝』ではこれを「天地人の三才」と呼び、天には陰陽、地には剛柔、人には仁義の徳があるとしている。仁という字は古くは人と読み、人という字はまた仁と読まれた。つまり仁は四徳のなかの首であり、元に相当する。つづいて儀礼盛大なるの離（夏）が亨、義を以て仁を制する兌（秋）が利、智慧の象であるところの坎（冬）が貞となるのである。

乾の卦は体からみれば天であるが、その用からみれば乾、すなわち健である。「乾は健なり」というのがこれで、天の開闢この方、寸時も休むことなく活動をつづけ、その徳は「元亨利貞」の四徳にあらわされるというのが、彖辞の真意と解される。

乾の天に対して、地を坤とする。乾は健にして剛、坤は順にして柔である。乾を君とし、天とするに対して、坤を臣とし、妻とする。この両者は相対的なもので、乾坤を合わせて天下は一体となり、天皇の徳を乾徳といい、皇后の徳を坤徳というのも、これからきている。

乾に四徳、「元亨利貞」があれば、坤にもそれがある。しかし坤のことばでは「元亨、牝馬《ひんば》の貞《てい》に利し」とあり、とくに牝馬の二字が加えられている。易では本来、馬は乾の象とされているが、牝馬《めうま》は牡馬《おうま》よりも柔順であるから、坤の象として、ここに加えられたのである。

大地は天の光をうけて万物を生み、それを成長させる。臣は君徳によって国政をすすめ、妻は夫の愛情をうけて児を生み育てる。両者合体することによって、「元亨利貞」の徳がまっとうされるという意味である。

易では乾坤二卦につづいて、屯の卦がおかれている。屯は「屯難なり」といって、動き進もうとしても険難にはばまれて難渋することである。すでに乾の天あり、坤の地があって、天地草創の緒にはついたが、創業したばかりで諸事いまだととのわず、容易に進み難い状態である。それで「屯は元亨利貞なり、侯を建つるに利し」とある。屯難の時にさいしては、「元亨利貞」の四徳をそなえた者を侯に建てて国事にあたらせるのがよいというのだ。

つぎに随の彖辞では「随《ずい》は元に亨る、貞に利し、咎なし」とある。前にいる者のあとについて従うのが随であって、この卦では震の動を下とし、悦《よろこ》ぶの兌を上にしている。すなわち内なる我が動いて随《したが》えば、外なる彼も悦んで応じるの象をいうのだ。よろこんでともに相したがえば功は成りやすく、とげることは容易である。それで元に亨るとある。しかし万一、それが邪道にしたがうのであれば、咎あることになる。必ず貞正にしてはじめて亨るのだから、「貞に利し、咎なし」とあるわけだ。

また臨の彖辞では「臨は元に亨る、貞に利し、八月《げつ》に至りて凶あり」とある。臨は兌下、坤上で、地上の岸に立って、兌沢を臨み見るの象である。この卦は䷒となっていて、二陽がようやく長じて、四陰を臨み、陰に迫るのかたちである。すなわち二陽の勢いが盛大となり、四陰はしだいに衰えようとしている。陽が長じ、陰が去るのは、君子の道が大いに行なわれ、小人の道が消えることだから、臨道は元に亨るのだ。しかし、おのれの勢いが盛大になるのをたのんで、人の衰えるをうれえないということであれば凶となる。それで「貞なるに利し」といい、八カ月目にはまた陽が衰え、陰が長じて凶になるという。

无妄では、次のように書かれている。

「无妄は元に亨る、貞に利し、其れ正《せい》に匪《あら》ざれば眚《わざわい》あり。往《ゆ》く攸《ところ》あるに利《よろ》しからず」

ここでいう妄とはみだりな願望であって、そうでないが无妄である。つまり誠心誠意であることが无妄である。この卦は下卦を震動とし、上卦を乾天とするので、至誠天に通じることをいい、「大いに亨り、貞に利し」となるのは当然だろう。

しかし、貞なれば无妄の道にかなってよろしいのであるが、それ正にあらざれば、妄となって、眚の身に及ぶこととなる。したがって、「往くところあるによろしからず」というのだ。「其れ正に匪ざれば」以下の後文は、无妄ならざる時の災害をいったものである。

もうひとつ、革ではこういっている。

「革《かく》は已日《いじつ》にして乃《すなわ》ち孚《まこと》とせらる。元に亨る、貞に利し。悔亡《くいほろ》ぶ」

革とは変革、改革であり、革新、革命である。卦をみると沢水が上にあり、離火が下にある。水は火を消し、火は水を涸らす。水火は共存を許さずして、変革をもたらす。それで革というのだ。

已は「終わる」という意味で、「やんぬるの日」が已日である。改革は、それを行なった当座の時には信ぜられないが、万事なしとげたやんぬるの日に、はじめて信ぜられる。すなわち孚とせられるのである。改革は早急にしてはならない。機が熟して、すでに改むべき時の至るを終わって行なえば、人に信じられて、元にとおる。

だが、改革をとげた後は、それをただしく守らねばならない。それでこそ悔いは亡ぶことになる。それに反し、改革をただくし守らねば、悔いあることになるという。

「元に亨る、貞に利し」ということは、いいかえると「大願成就はするが、ただし貞正を守らねばならない」ということになる。どのばあいを見ても必ず、「元に亨る」といったあとにつづけて、「貞に利し」という但し書をつけている。このあたりが、いかにも用心ぶかい易の文句らしい。

ところで「元亨利貞」の四字が「仁礼義智」の四徳をあらわしていることはすでに述べたが、中国人の考え方によると、四徳では満足せずに、のちになって五常なるものをいいだした。「仁礼信義智」の五つがそれであって、これには「信」の一字が加えられている。

四徳を五行に当てはめると、仁は木気、礼は火気、義は金気、智は水気にあたるのであって、これだけでは土気に相当するものがない。そこで新たに加えられたのが信であり、信を土気にあてている。すなわち木火土金水の五行の順序にしたがっていうと、仁礼信義智ということになり、この五つが五常とよばれたのである。

中道を歩む精神とは

四書の一つである『中庸』が、その思想のうえで『易経』と多くの共通点のあることはすでにのべておいた。じつのところ、この中庸を重んじるとか、中道を歩むという精神は、『易経』の根本的な理念であって、六十四卦ことごとくが「中」を土台にしたところのことばから成るといっても過言ではない。

卦辞のなかで、中をのべたものに訟の卦がある。「訟《しょう》は孚《まこと》ありて窒《ふさ》がる。惕《おそ》れて中《ちゅう》すれば吉《きつ》。終れば凶なり」というのがそれである。この卦は訴訟ざたについてのべたもので、自己の中心に信実があっても、その信実正理が相手によってさまたげられ、ふさがれて通じないばあいがあり、そのときに訴訟ざたとなる。その訟は自己の信実がふさがれたときにだけ正当であり、みだりにおこすべきものでなく、しかも自分に正理があるからといって、必ずしも勝訴するものとは限らない。裁く者の明暗正邪によって、万一のこともある。それ故に恐れ慎んで、適当な仲裁が出てきたならば、それに任せて中ごろで思いきるのがよいというのである。

ここの「中」は中庸ともとられ、中止ともとられる。いずれにせよ、中庸を得るの君子ならば、争いごとは早く中止すべきである。それをあくまでも勝訴にしようとして、追い詰めていくときは不覚をとる。「終れば凶なり」というのがそれである。

易の卦は、八卦に八卦を重ねて六十四卦となるが、このばあい下にあるのを下卦（もしくは内卦）、上にあるのを上卦（もしくは外卦）とよび、上下いずれも三爻《こう》から成っている。したがって、卦に卦を重ねた重卦（もしくは大成卦）は、六本の爻から成りたっている。

それらの爻は下から上へと順にかぞえられるのであって、まず下の初爻に始まり、二爻、三爻、四爻、五爻、上爻とよばれる。そして陰爻を六と称し、陽爻を九と称することになっており、陰爻のばあいは初六、六二、六三、六四、六五、上六とよばれ、陽爻のばあいは初九、九二、九三、九四、九五、上九とよばれる。

なぜ陰爻を六とし、陽爻を九としたかについては、いろいろな説があるが、『説卦伝』の参天両地説によるのが最もわかりやすい。それによると、天の数は三にして陽、地の数は二にして陰となっている。純陽の乾卦は三陽にして、陽の数三を三倍すると九になり、また純陰の坤卦は三陰にして、陰の数二を三倍すると六になる。したがって、陽爻を示すためには九をもってし、陰爻を示すためには六をもってするのだという。

また易では、一二三四五を五行の生数とし、六七八九十をその成数とよんでいるが、生数のうちから天の数（奇数）一三五を合算すると九になり、地の数（偶数）二四を合わせると六になる。よって陽を九で示し、陰を六で示すという考え方もある。

そこで、中を尊ぶ易の精神からいうと、内卦の中にある二の爻と、外卦の中にある五の爻に嘉辞の多く見られるのは当然だろう。

また奇数を陽とし、偶数を陰とするので、初爻、三爻、五爻を陽の位とし、二爻、四爻、上爻を陰の位とする。したがって陽爻が陽位の初三五におるとか、陰爻が陰位の二四上におるときは、その位が正しいといい、もしくは位に当たるともいう。それに反して陽爻が陰位におるとか、陰爻が陽位におるときは、その位正しからずとか、位に当たらずという。よって六二のばあいは、中にして正なりといい、九五も同じく中にして正、すなわち中正なりといわれる。

卦の中における二爻と五爻では、嘉辞が多いことをすでに指摘したが、その例を二、三あげてみよう。いかに中の尊重されているかがわかる。

まず六二のことばでは、咸に「六二は其の腓《ひ》に咸《かん》ず。凶なり。居《お》れば吉」とある。咸は感と同じで、陰陽相感じるの卦が咸である。腓は「こむら」もしくは「ふくらはぎ」のことだ。六二は陰柔で陰位におるから、腓そのものである。腓は独立して動くのではなく、脚の動くにつれて動くもので、それが妄動しようとするのは凶とされる。動かずして、その居るところに居れば吉だという。なぜならば、六二は中にして、正の位におるからだ。

つぎに九五の爻辞を例にとると、夬《かい》の九五に「莧陸夬夬《けんりくかいかい》す。中行にして咎なし」とある。「莧陸」、については諸説区々としているが、ヤマゴボウ、もしくはウマヒユのことらしい。沢草の類で、湿地に生長し、干してもかわきにくい陰湿な草である。それを陰柔の小人にたとえたもので、そのような小人は、九五の手により、断乎として決去され、払いのけらるべきである。それがいかに断乎たる処置であっても、中正の九五ならば過度に失することなく、咎はないとの意だ。

中という字は用いられなくても、言外に中の意味を含ませた爻辞もある。離の卦に「六二は黄離《こうり》。元吉なり」とあるのが、その一例だ。離は、火が物を照らして明るくする意味であり、また物に燃えうつる火のように相寄り相助ける意味でもある。その離において六二は黄離であるから、おおいに吉（元吉）なりというのである。黄色は五色のなかで、まん中にある色とされるところから、黄離といったものだ。

『彖伝』『象伝』になると、中の字がいっそう頻繁にでてくる。卦辞・爻辞に解釈を加える必要上、当然そうなるわけだ。そして時中、中行、中道などという言い方をしたばあいもある。

蒙卦の『彖伝』で「蒙《もう》は亨《とお》るとは、亨るを以て行き、時《とき》に中《ちゅう》するなり」とある。「蒙は亨る」とは、どういう意味かというに、「亨るを以て行く」つまりとおるべき道をもって進むことである。「時に中するなり」とは、その時その時が中庸をえることで、これを「時中」というのである。すなわち、適切な時に、師たる者が中庸の道、進むべき道を示せば、蒙昧の者も啓発されるというのが、このことばの意味である。

つぎに「中行」というのは、行動に中庸をえていることで、師の六五の『象伝』に「長子《ちょうし》が師《し》を帥《ひき》いるは中行を以てなり」とある。六五の君主が、九二の長子（部下とか司令官）に命じて軍を統率させるのは、ともにその行動が中をえているからだという。六五は上卦の中にあり、九二は下卦の中にあるので中行にあたる。

また「中直」という用語が、『象伝』で、同人卦の九五と、困の九五などにでてくる。すなわち「同人《どうじん》の先《さき》とは中直を以てなり」とか「乃《すなわ》ち徐《ようや》くにして説《よろこ》びあるは中直を以てなり」とあるが、意味は中正と同じで、ただ語気を強めて「中直」といったものである。九五は上卦の中におり、陽爻陽位にあって、その位が正しく剛直なるものだからである。

『象伝』には、「中道」ということばも、ときどきでてくる。蠱の九二に「母の蠱《こ》に幹《かん》たり、中道を得るなり」、解の九二に「九二の貞吉なるは中道を得ればなり」、夬の九二に「戎《じゅう》ありとも恤《うれ》うる勿《なか》れとは中道を得るなり」などとある。要するに、九二は陽爻陰位におりて、その位は正しくないが、下卦の中におりて中道を歩むの士だからである。

中道を歩むのが易の精神であるから、それを裏返していうと、極端に走ることはよしとしない。同じことは、居るところの位についてもいえる。最上位の一歩手前まではよいが、終極の最上位に到達した者にむかっては、かならず警告を発するのが易の常である。

易に「天地人の三才あり」といって、三画卦でいえば、初爻を地とし、二爻を人とし、上爻を天とするが、それを六爻から成るところの重卦についていえば、初・二を地とし、三・四を人とし、五・上を天とする。そして、この六爻に社会的地位を配すると、初爻を庶人、二爻を士、三爻を大夫、四爻を公卿、五爻を君主、上爻が無位の尊者とされている。上爻は尊者の地位ではあるが、最上位であるために、明日からは衰運が待ちかまえている。陽極まれば陰となり、陰極まれば陽となるのが道理で、最上位にあるものは、もはや衰微するか転落するかの以外に、道はのこされていない。そういうのが、易の考え方である。

乾坤二卦の上爻について、その爻辞をみると、乾では「上九、亢竜悔《こうりょうくい》あり」という名文句がでてくる。亢竜は高きをきわめ、のぼり詰めた竜のことで、それが久しく天にあり、進みて退くことを知らないから、後悔することがあるというのだ。

乾は純陽の卦で、六爻すべて陽であるが、中の九五を過ぎて、極度の上九に達すると、もはやよろしくない。陽爻が陰位にあって、その位も正しくない。上爻を救援すべき三の爻も陽で、敵応の関係にある。したがって、窮地に追いつめられたのが上九である。

乾では九五を飛竜にたとえ、上九を亢竜にたとえているが、唐の玄宗皇帝がしばしばその例にもちだされる。帝は在位四十五年のうち、最初の三十年間は開元の治をなし、「朕痩せたりといえども天下肥えたり」のことばで知られるような飛竜であった。しかるに、その後、奸相李林甫を起用し、安禄山を容れ、楊貴妃を寵愛するにおよんで、ついに蒙塵の否運におちいり、文字どおり「亢竜悔あり」となったのである。

つぎに坤の上爻をみると「上六は竜《りょう》、野《や》に戦《たたか》う。其の血玄黄《ちげんこう》なり」とある。上六は陰の極で、また陰爻が陰位にあるから、陰がきわめて旺盛となる。猛威を発揮する陰は、陽にまぎらわしくなり、竜となる。元来、竜は乾卦に属し、純陰である坤卦に属すべきものではない。よってここの竜は、ほんものの竜でなく、竜のようになったのである。陰陽互いにまぎらわしくなるときは、戦いとなる。野に戦うの野は、坤の象である。戦いはするものの、ほんものの竜でないから勝てる道理はない。竜は倒れて、玄黄の血を流すことになる。玄は天の色、君の色、黄は地の色、臣の色だから、君臣、父子、夫婦相争うことをあらわし、相傷つくの意味である。

六十四卦のどれをとってみても、上爻に嘉辞の書かれたものは、ひとつとしてない。中の五爻は貴ばれるけれども、それ以外のばあい、すなわち初・二・三・四・上では、かならずなんらかの苦言を呈している。もしも上卦の五だけに決断・決行が許されて、あとのばあいは不吉なりとして尻ごみしなければならないとすれば、どういうことになるか。行動の許されるチャンスは六回に一度くるだけで、あとの五回は慎重に構えねばならないことになる。いいかえると、人間は忙しそうに暮らしているが、六分の一だけがみのりのある生活で、あとの六分の五はむだ働きをしているものとも解される。こういう暗示の当否は別として、『易経』の精神をよくわきまえることによって、その人の行動が慎重さを加えることはたしかだろう。

陰陽は流動的に消長する

「元亨利貞」の四徳について述べた章で、臨の卦辞に言及しておいた。「臨は元《おおい》に亨《とお》る、貞《てい》に利《よろ》し。八月《げつ》に至りて凶あり」とあるが、この八月に至りてというのは、八カ月目にとも解釈されるし、また一年のうちの八月にという解釈もできる。その相違を知るためには、まず消息卦の説明をしなければならない。

消息卦というのは、十二支に卦を配したものであって、子の月の☷☳復から始まり、しだいに陰陽が消長していく。すなわち丑の月は☷☱臨、寅の月は☷☰泰、卯の月は☳☰大壮、辰の月は☱☰夬、巳の月は☰☰乾、午の月は☰☴姤、未の月は☰☶遯、申の月は☰☷否、酉の月は☴☷観、戌の月は☶☷剝、亥の月は☷☷坤となって、」一年十二ヵ月を一巡する。

ま冬の絶頂である子の月にも、地下ではすでに一陽が芽ばえて、春の準備をしている。それが復の卦で象徴されている。それから月ごとに陽気がさかんになり、最も暑気が充満したのは巳の月であって、それは純陽の卦、乾で示される。しかしま夏の午月になると、もう秋の気配をどこかに感じさせて一陰が潜んでいる。姤《こう》の卦がそれである。そして厳冬の充実する亥の月は、純陰の坤であらわされる。これらの十二卦を消息卦というのである。

ところで十二支のうち、どれを正月にあてるかは、夏・殷・周の三代の暦により、まちまちであったといわれる。

夏暦では寅の月を正月とし、殷暦では丑の月を正月とし、周の時代になると今のように子の月を正月（陰暦の一月）とするようになった。

卦辞を繫けた文王は、殷の時代に生きていたひとだったが、一説によると辞そのものは文王以後、周代の作ともいわれるので、ここに起算の相違がでてくるわけだ。

殷暦によると臨の卦は丑で、正月となっている。それからかぞえて八カ月目になると否の卦となり、否は凶にちがいないが、臨と否を結びつけて考えるには十分な理由がない。

つぎに周暦でいうと、子の月の復を正月とするので、それから八カ月目には未の月の遯となる。同時にこの遯は八月そのものでもある。そして遯は臨の錯卦（陽爻と陰爻を入れ替えた卦）であり、加うるに遯は、臣その君を弑し、子はその父を弑するの凶卦であるから、「八月に至りて凶」ということばの意味がわかるのである。

消息卦のばあいは、陽爻と陰爻の消長によって季節とそれぞれの月をあらわすものとされたが、元来、易の卦は抽象的なシンボルであるから、文字のように固定的な意味を伝達するものでなく、さまざまな意味に解釈することができる。

易者の家では、表の看板に「易断」という字を書き、そのうえに通行人の目をひくため、☷☰の卦がしるしてある。ただ意味もなく爻を並べたのではなく、かならずこの卦をしるすことによって、一つの意味を表示しているのである。

これは上卦に☷の坤をおき、下卦に☰の乾をおき、坤を地とし、乾を天とするので、地天泰の卦といわれる。天は上にあり、地は下にあるべきものなのに、それがあべこべにおかれていて、しかもそれが天下泰平とはどういうわけか。

易は自然の現象をあるがままに見るのではなく、その裏の意味をとらえようとするのがたてまえだからである。すなわち泰の卦は、天気下降し、地気上昇するの象で、天地陰陽の気が相交わって流通し、万物の生長する基本をあらわしている。これを人事についてみれば、乾なる君主はよく下情に通じ、坤なる臣民はよく君主の意を体し、上下の意志が疏通して天下安泰となるの義で、それで泰といったのである。

では、乾を上におき、坤を下において、☰☷としたならばどうなるか。これは天地否の卦となり、その卦辞に「否《ひ》は之《こ》れ人《ひと》に匪《あら》ず」とある。人道にそむき、人にあらずというのだ。

泰は疏通し、流通するのであったが、否はその反対に否塞し、閉塞する。乾の天気は上にとどまって下に通ぜず、坤の地気は下にいて上に昇らず、天地隔絶して、互いに交通することを知らない。上下の意思が疏通を欠くならば、いきおい閉塞せざるをえないというのだ。

易では、内から外に行くのを「往き」といい、外から内に来るのを「来る」という。それで泰の卦は坤陰の小が往き、乾陽の大が来ることによって吉なりとあるが、否の卦ではその反対に、大は往き、小が来ることによってよろしからずとある。したがって泰の吉卦をかかげて、易者や易断所の看板の目じるしにするのである。

乾を天とし、坤を地とするが、それは天を象徴し、地を象徴したのであって、天そのもの、地そのものの物象をさしているのではない。すべて易では、そういう考え方にしたがっている。

それをわかりやすいように説明するため、もうひとつの例として艮と兌をあげてみよう。艮☶を山とし、兌☱を沢とするので、艮山が下にあり、兌沢が上にあるところの卦を沢山咸《たくさんかん》という。いったい沢は当然下にあり、山は上にあるべきものなのに、それが逆になったらどういうことになるか。

易の考え方では、沢の下に山ありとはいわずに、山上に沢ありと考える。したがって山上の沢水は流れだして下を潤し、山そのものが潤いを受ける。また兌を少女とし、艮を少男とするので、歳若い男女が親しく交わって感応するところから、この卦を咸《かん》とよぶのだという解釈もなりたつ。

ところが、上下を入れ替えて、兌を下とし、艮を上にすると、山沢損《さんたくそん》の卦になる。艮山が上にあり、兌沢が下にあるは当然のようにおもえるが、それを損というのはなぜか。

平地に山を築き、沢を造るためには、土を掘って沢を造り、山を築かなければならない。さらに択を深く掘り、その土をもって山の高いところに加えようとすれば、その山は崩れて、沢もまた埋められる。そこで、山沢ともに損するので損の卦としたのだ。

沢山咸では、山の気が降りて下にあり、沢の気が昇って上にあり、両気相交わり相感じていたが、山沢損では両気相交わらず、両気相交わらざれば、山に草木は生ぜず、沢の魚類も棲まないことになり、これまた損である。

易の八卦は、すべてこのようにして、具象そのものと考えずに、その裏にある作用から判断しようとするところに、独特の考え方、見方が生まれてくるのである。

最後にもう一つ、位の当否についても同じようなことがいえる。奇数の爻、すなわち初・三・五を陽位とし、偶数の爻、すなわち二・四・上を陰位とし、陽爻が陽位に、もしくは陰爻が陰位におるを位に当たるといい、陽爻が陰位にあるとか、陰爻が陽位にあるを位に当たらずということはすでに述べておいた。

六十四卦のうち、六爻ともに位の当を得ているものには既済《きせい》の卦䷾がただ一つあるだけで、その反対に、六爻のいずれもが位の当を得ていないものに、未済《びせい》䷿がある。

既済のように六爻の全部が位の正しきを得ているならば完全であり、未済のように六爻いずれも位の正しからざるは不可であると考えるのが普通であろう。ところが易の考え方は、そうではない。

既済は、事物のすでに完成したことを示している。栄枯盛衰、成敗治乱は自然の理であるから、すでに完成したものは、やがて崩壊することが必至である。それで既済のことばには「初《はじめ》は吉にして、終《おわり》は乱る」とある。

一方、未済は未完成の状態である。未完成なればこそ、完成しようとする努力が、そこから生まれてくるのであって、必ずしも未済を不吉の卦とはしていない。それで上九の爻辞に「上九は飲酒に孚《まこと》あり。咎なし。其の首《かしら》を濡らすときは、孚あれども、是《ぜ》なるを失う」とある。

上九は未済の極にあり、未済が終わってまさに既済に反転しようとする時である。機の熟し、時の至るまで、泰然と飲酒して待つべきである。しかし功を急ぐのあまり猛進するならば、酒の中に首まで突っこんだと同じようなことになり、是非善悪の是を失うといっているのだ。

すべてこのように、配置された卦をそのまま固定した事象として受け取らずに、たえず流動的に移り変わっていくものとして判断するのが、易の考え方である。

古代の宇宙観から生まれた「太極」とは何か

筮を立てるばあい、五十本の筮竹を用いるが、手にした五十本のうち、まず一本をとって別におくのは、それを太極《たいきょく》のシンボルと考えるからであり、また家相を見るばあい、家屋の重心を太極とみて、すべての判断はその太極から方位をきめてなされるのである。

では、その太極とは何か。それについて『繫辞上伝』には「易に太極あり。是れ両儀《りょうぎ》を生ず。両儀は四象《しょう》を生じ、四象は八卦を生ず」とあって、この文句をわかりやすいように表示すると次のようになる。

同じ『上伝』の説明によると、易道をわかりやすいものにたとえるならば、一枚の戸のようなものである。戸を閉じて静かになれば陰にして、それを坤といい、戸を開いて動かせば陽にして、それを乾という。開閉することによって、陰陽がおのずから変じるというのだ。

易にいうところの太極は、天地陰陽のまだ分かれない以前の渾沌たる時をさすのであって、まえの例でいえば一枚

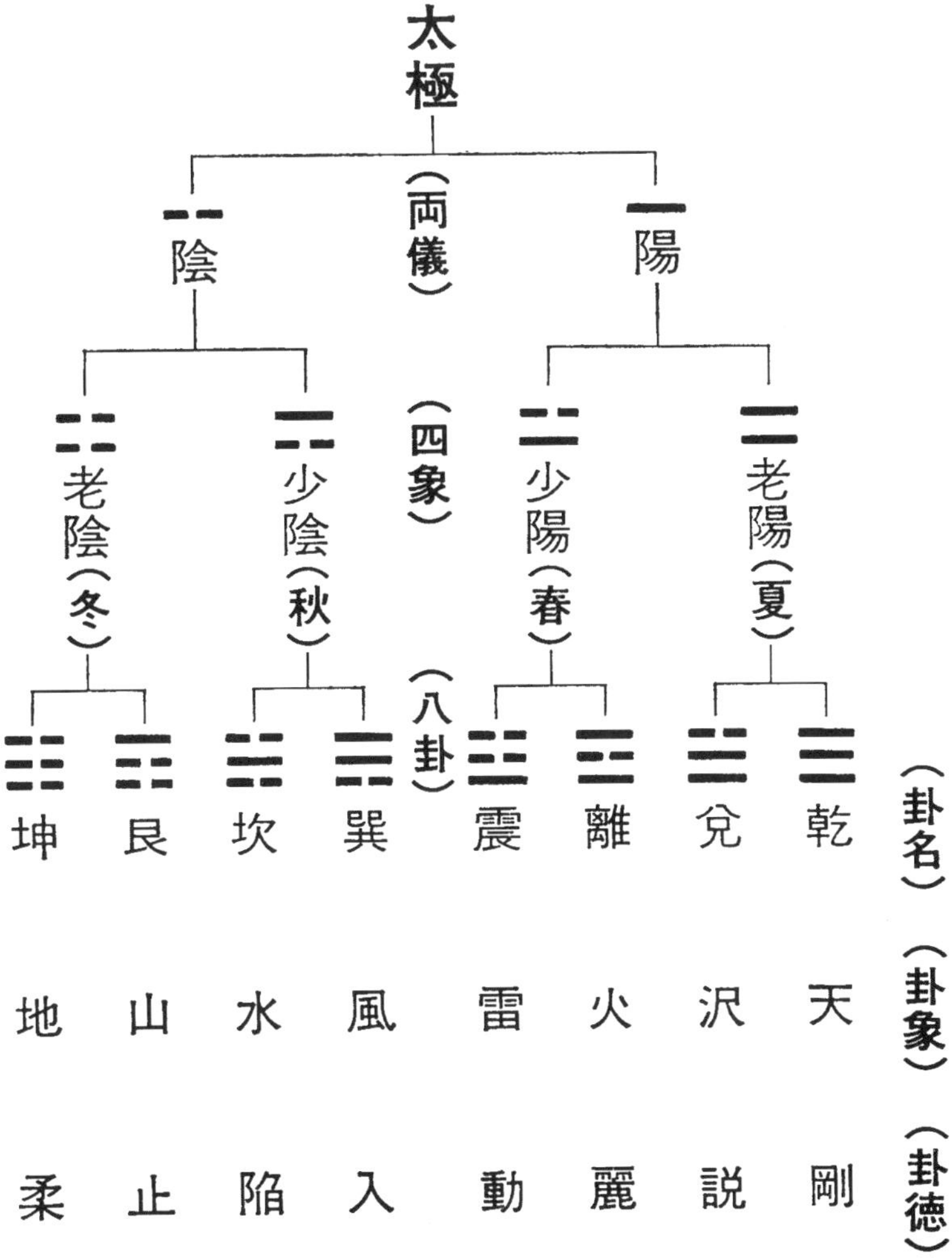
太極
（両儀）
陰
陽
（四象）
老陰（冬）
少陰（秋）
少陽（春）
老陽（夏）
（八卦）
坤 艮 坎 巽 震 離 兌 乾 （卦名）
地 山 水 風 雷 火 沢 天 （卦象）
柔 止 陥 入 動 麗 説 剛 （卦徳）

の戸がそれである。閉じれば陰となり、開ければ陽となるが、戸の実体は一枚であることに変わりない。

一つの太極から陰陽の両儀が生じ、その陰陽の消長によって万事万物の盛衰を判断しようとするのが易である。易道のことを陰陽道ともいうのは、そこからきている。したがって、陰陽の生まれるに先だって太極の存在を認めるとすれば一元論となるが、いっさいの万物をかたどるものが陰陽の両儀であるとみるならば、二元論となる。

しかし、陽なくして陰はありえないし、同時に陰なくして陽もありえない。陰陽はつねに一対となって存在するものであり、陰陽の両儀は太極の両面をあらわすにすぎないという意味で、易を太極の一元論とする考え方のほうがつよい。

ところで、『繫辞上伝』には、こうも書いてある。

「易は天地と準《なぞら》う。故に能《よ》く天地の道を弥綸《びりん》す」(易は天地に準拠して作られてある。その故に天地の道を弥論す。弥は弥縫の義、綸は系の乱れをただしくすること。すなわち天地の道を完全に網羅して、条理整然とおさめてあるをいう)

ここでいうように、天地に準拠して作られたものが易とすれば、太極をどういって説明したらよいか。やはり一枚の戸だけではこまる。

古代中国の宇宙観には、蓋天《がいてん》説と渾天《こんてん》説があった。前者の蓋天というのは、半円形をした笠のようなもので、それが地上をおおっていると考えた説であり、後者の渾天説によると天地の体は鳥の卵のようなもので、大地の外側を天が包んでいるところは、ちょうど卵の白身が黄身を包んでいるのと似ており、形の内外が渾然としているところから渾天といった。

伏羲、周公の時代はもちろんのこと、孔子、老子、孟子から宋時代の邵雍《しょうよう》にいたるまでが蓋天説を信じ、渾天説もそれと並行して、おもに漢・魏の時代におこなわれていた。蓋天説といい、渾天説といっても、要するに天動説の一種にほかならなかった。

こういう幼稚な宇宙観しかもたなかった古代に、ずばり「易に太極あり」と一言だけいわれたのでは、当時の人としては、ずいぶん解釈に苦しんだろうとおもわれる。しかし、こういう素朴で、暗示的な表現をしているところに、むしろ易のおもしろみがあり、深さもあるようだ。

まずヨーロッパで天動説が破れ、地動説がでてきたのは、中世の一五〇〇年代であった。その太陽を宇宙の中心におくところの地動説にしたがうと、はじめて太極の意義を考えなおすことができるのである。

周知のことではあるが、天動・地動説の由来をここでふりかえってみると、中世ヨーロッパのカトリック教では「神は天地万物の造物主であり、地球は宇宙の中心であり、ローマは世界の中心である」とし、それに反対する者は異端者として、きびしい迫害が加えられた。

この地球中心説を破り、太陽こそすべての遊星の中心であって、地球のほか水星、金星、火星、木星、土星は、とも太陽の周囲を運行しているのだという説を最初にとなえだしたのが、コペルニクス（一四五八―一五四三）であった。

コペルニクスの地動説をうけついでとなえたジョルダーノ・ブルーノ（一五四八―一六〇〇）は、ついに宗教裁判をうけて火あぶりの刑に処せられるが、さらにその説を信じ、近代の扉をひらいたガリレオ・ガリレイ（一五六四―一六四二）の悲劇は、あまりにも有名である。ローマの牢獄で拷問されたガリレイは、迫害者の手からのがれながらも、なお「それでも地球は動いている」ととなえつづけたのである。

地動説が確立したのにつづいて、ラプラース（一七四九―一八二七）およびカント（一七二四―一八〇四）の星雲説が生まれてくることになり、したがって太陽系の成り立ちも、それによってほぼ説明できるようになった。

星雲説は星霧説ともいい、その説によると宇宙の原始時代にあたって、太陽は一種のガス体のようなものであった。それが渦巻のような運動をするにつれて、ガス体はしだいに収縮して液体化し、その液体は回転運動をしながら、自体の一部分を四方へ飛散させるにいたった。

飛散していった液体は、やがて収縮して固体となり、太陽から離れようとする力、すなわち遠心力と、太陽に吸収されようとする力、すなわち求心力とが平衡のとれたところに止まって、太陽の周囲を回転する物体になった。それが太陽系に属する地球、およびその他の諸遊星にほかならないというのだ。

太陽から分離してできた地球は、太陽の周囲を回転しながらも、太陽に面した明るい半面を陽とするなら、その反対がわにある暗い半面が陰となる。すなわち太陽という太極に対して、地球は陰陽両儀を有することとなり、太極と両儀の関係がはっきりしてくるわけだ。

こういうように、星雲説をかりて太極と両儀の関係を説明することもできなくはないが、東洋哲学ふうな考え方からすると、こういう説明はあまりよろこばれない。

易において太極の理念をつよく追及しだしたのは、ようやく宋時代になってからのことだが、それでも依然として抽象的で、非科学的とでもいえるような言葉がよろこんで用いられた。たとえば、邵康節《しょうこうせつ》は「道を太極となし、心を太極となす」といっている。また天地万物はおのおの理をそなえ、「一物各一太極を具す」とも考えられた。

これをもうすこし具体的にいうと、たとえば水銀の大きい固まりが太極のようなものであって、その大きい円形をした水銀は、いくつもの小さい固まりに分散しても、それぞれの小粒が依然として円形を守っており、再びそれらの小粒を集合させると、もとの大きい円形にもどってしまう。それが太極だというのである。

また北宋の周茂叔《しゅうもしゅく》によれば、太極とは天地に先だって一物を仮定し、それを万物の根源としたものである。その物たるや見ることもできず、聞くこともできず、物があっても、その実体はないというのである。物ありといって、極を立てたにすぎない。したがって、太極は無極といってよいとする。つまり太極すなわち無極説をいいだしたのが、この人であった。

この周茂叔の説をうけついだ朱子は、さらに理気説の主唱者となり、太極二元論をたてた。太極動いて陽を生じ、太極静にして陰を生じ、動極まりて静、静極まりて動、一動一静、たがいにその根となり、陰に分かれ、陽に分かれて両儀立つという便利なことをいった。理を形而上に属し、気を形而下においたもののようである。

易は物理学でも天文学でもないから、したがって太極にかんして諸家によって、もろもろの説がだされたわけであるが、ともかく易では太極を第一義的に考えていることはたしかだ。

筮法《ぜいほう》と易断《えきだん》

筮竹——筮儀——揲筮法——太衍の数——一策——一変——老陽・老陰の数——少陽・少陰の数——本筮・中筮・略筮——四営成易——内卦・外卦——当たるも八卦、当たらぬも八卦——予卦・本卦・変卦・之卦——擲銭法——サイコロ占い——窮理と神霊

筮竹《ぜいちく》によって人の運勢などをみる業者のことを売卜者とか易者ともいうが、八卦を立てて占うところから、むかしは八卦見《はっけみ》ともいった。その八卦を立てる方法を筮法といい、得たところの八卦によって吉凶の判断をすることが易断である。

一般には筮竹といっているが、正式には蓍策《しさく》、もしくは蓍《し》と呼ぶのである。蓍は和名の「めどぎ」もしくは「めどはぎ」に似た草の一種で、わが国ではそれと同じものを見かけることがない。

大正八年、林泰輔博士が曲阜の孔子聖廟に詣でたとき、そこの林中から蓍草の芽をもち帰って、湯島の聖廟に移し植えたことがあり、それをみることによって、わが国の「めどはぎ」に似てはいるが、全くの同種ではないことがわかった。

「蓍百茎一根と共にす」とあるところから察して、一本の根から数十本の茎が生い茂るものだとわかる。また『淮《え》南子《なんじ》』には「上に叢蓍のあれば下に伏亀あり」とある。蓍草の茂ったくさむらの下には亀がひそむというからには、めでたい霊草と考えられていたにちがいない。

この草は中国でも入手困難であると同時に、よしんば入手しても折れやすいので、竹をもって代用するようになった。その竹も、竹の産地として有名な江南の竹がよいとされている。筮竹の名はその代用品からでたのである。

筮竹の長さについて「天子の蓍は九尺、諸侯は七尺、大夫は五尺、士は三尺」と記されているが、周時代の一尺は、わが国の曲尺六寸七分（一九・九一センチ）に相当していたとあるから、いずれにせよさほど長いものではない。

要するに五十本の筮竹をつかって卦を立てればよいのだから、長さはどうでもいいわけである。極端ないい方をすれば、精神統一さえできるなら、割箸をもってきてもかまわない理屈である。

ところが周時代をすぎ、漢になった頃から、筮を立てることを筮儀《ぜいぎ》とよんで、極端な形式主義へ走るようになった。まず筮を立てるに先だち、沐浴潔斎して、香をたくばかりでなく、用いる蓍はかならず五度、水洗いをして干さねばならなかった。のみならず筮日をきめるにも規則があったり、筮儀をおこなう場所の選定や、筮を立てる人の衣服にまでこまかいきまりができた。こういう繁文縟礼《はんぶんじょくれい》は、漢民族のもっとも得意とするところで、その形式はいやがうえにも煩わしいものになった。

筮の立て方

さて、いよいよ筮竹を立てるには、揲筮法《ちょうぜいほう》（筮のかぞえ方）といって、その厳格なきまりが『繫辞上伝』に記されている。

「大衍《たいえん》の数五十、其の用《よう》四十有《ゆう》九。分《わか》ちて二と為《な》し以て両《りょう》に象《かた》どる。一を掛《か》けて以て三に象どる。之を揲《かぞ》うるに四を以てし、以て四時《じ》に象どる。奇を扐《ろく》に帰《き》して以て閏《じゅん》に象どる。五歳《さい》にして再閏《さいじゅん》なり。故に再扐《さいろく》して而《しか》る後《のち》に掛く。」

「乾《けん》の策《さく》二百一十有六、坤《こん》の策百四十有四。凡そ三百有六十にして期《き》の日《ひ》に当《あ》たる。二篇《へん》の策は万有《まんゆう》一千五百二十。万物《ばんぶつ》の数に当たる。是《こ》の故に四営《えい》して易を成し、十有八変《へん》して卦を成し、八卦にして小成《しょうせい》す。引いて之《これ》を伸《の》べ、類《るい》に触れて之を長くすれば、天下の能事畢《のうじおわ》る。」

この解釈をすると、奇数を陽とし、天の数とするから、一三五七九がそれであり、偶数を陰とし、地の数とするから、二四六八十がそれである。天数、地数いずれも五つずつあって、天数の一三五七九を合わせると二十五になり、地数の二四六八十を合わせると三十になる。それで天地の数を合わせると五十五になる。ところで、ここにいう「大衍の数」とは、天数地数の両方を数えつくした数のことで、本来ならば「大衍の五十有五」とあるべきなのに、ここでは五十と書いてあり、その用いられる数四十九としてあるのは、どういう理由だろうか。

これには諸説があって、中には、随分こじつけた理屈のものもある。しかし最もわかりやすい説をあげると、天数の五に地数の十を乗じたものということである。そうかとおもうと天地の総数は五十五であるが、端数を棄てて五十にしたままでだという説もある。

易に太極ありといって、天地陰陽のまだ分かれない以前の渾沌たるときに存在した気を太極としている。その太極のシンボルとして一策（蓍策の一本）を別にしておくから、実際に用いられるのは四十九策となり、その四十九が陰陽に分かれて筮するのである。

また易は天の陽気をかたどって動くものだから、七の少陽を本として考え、七を自乗した数字四十九が実際に活動する蓍数となる。したがって、それ以上の数は五十といっても、五十五といっても、なんら差し支えないとする考え方もある。

「分ちて二と為し以て両に象どる」とは、一策を別にのけて太極をかたどるものとしておき、あとの四十九策を無心のまま、左右の両手に分けて持ち、左の方を天とし、右の方を地とし、天地の両儀にかたどるのである。左が日の出る方位で陽とし、右が日没の方位で陰とするからだ。

次に「一を掛けて以て三に象どる」すなわち左手に持った中から一策を取りだして、それを左手の小指の間にはさみ、それを人にかたどる。「三に象どる」とは、天地人の三才にかたどるの意である。天地の両儀についで、天地人の三才となるのである。

「之を揲うるに四を以てし、以て四時に象どる」。これはまず左の蓍から四本ずつ数えてとる。なぜ四策ずつとるかというのに、それは春夏秋冬の四時にかたどったものにほかならない。

四つずつ数えていくと、最後に一策か、二策か、三策か、もしくは四策の残りとなる。それが奇である。扐とは指と指の間のことで、「奇を扐に帰す」とは、残った余りのものを指の間にまとめてはさんでおくことである。このばあい、左手の第三指（中指）と第四指（無名指《くすりゆび》）の間にはさむのである。それは閏《うるう》にかたどったものであり、閏とは暦にでてくる閏月の閏である。

左手の奇を扐に帰したならば、次には右にある蓍を四つずつ数えて、同様にその奇を扐に帰することとする。こんどは左手の第二指（人差し指）と第三指（中指）の間に帰するのである。閏月は三年にして一回くるものだから、「五歳にして再閏なり」といい、右手の残余の策をも扐に帰することの象である。

残余の数は、左が一なれば右はかならず三、左が二なれば右もかならず二、左が三なれば右はかならず一、左が四なれば右も四になるものである。したがって左右の残余と、最初に掛けた一策を合わせると、その数は五または九となる。

こんどは、最初の四十九策から五または九を差し引いた残りの四十四策、もしくは四十策を用いて、ふたたび一を掛けることから繰り返す。「故に再扐して而る後に掛く」というところだ。すなわち再び掛け、再び揲え、再び扐するのである。

こういう手続きをひととおりすませることを一変といい、これで第二変に移ったわけである。第二変の最後にくると、残余の策は左が一なれば右はかならず二、左が二なれば右はかならず一、左が三なれば右はかならず四、左が四なれば右はかならず三となる。したがって左右の残余の策に、最初掛けた一策を合わせると、かならず四もしくは八となる。

さて四十四策もしくは四十策から、四もしくは八策を差し引いたところの四十、または三十六、もしくは三十二策を用いて第三変に移り、同じことを繰り返し、掛けて、揲えて、扐するのである。第三変で左右に残る策の数は、第二変と同じであって、四もしくは八となる。こうして最後に残る策の数は三十六、三十二、二十八、二十四のどれかになる。

その残存の数を四つずつ揲える。すなわち四をもって除すると、三十六は九となって老陽の数、三十二は八となって少陰の数、二十八は七となって少陽の数、二十四は六となって老陰の数となる。陽は進むとするところから、七と九のうち、九を老陽とし、陰は退くとするところから、六と八のうち、六を老陰とするのである。

本筮法

こうして三変して得たところの策によって、陰陽のいずれかが決まり、それによって六爻中の第一爻が陰陽のいずれであるかが決定される。一つの重卦、六爻を得るには、三変を六回繰り返し、十八変をしなければならぬという手まのかかるものである。

六爻のなかで最初の第一爻は、下卦の初めから決定をはじめて、順次、上におよぶことは、易として当然のことである。また「少陽は進むといえども、未だ盈《えい》を極めず、少陰は退くも未だ虚を極めず」といって、乾坤六爻の策数は老陽と老陰のみによって数えるのである。

乾の策二百十六というのは、乾の六爻いずれも老陽の数三十六とすれば、三十六の六倍で二百十六となる。また坤の六爻いずれも老陰の数二十四とすれば、二十四の六倍にて百四十四となる。乾坤合わせて三百六十となり、「期の日」すなわち一年の日数に相当してくる。

二篇というのは易の『上経』『下経』二篇をいったもので、二篇を合わせて六十四卦あり、一卦は六爻から成るので、全部で三百八十四爻をかぞえる。そのうち陽爻が半数の百九十二、陰爻が半数の百九十二となっている、陽の数三十六を百九十二倍すると六千九百十二策、陰の数二十四を百九十二倍すると四千六百八策になる。これを合計して一万一千五百二十策となり、万有一千五百二十という。

この数は少陽少陰の策数によるも結果は同じであって、少陽の二十八を百九十二倍して五千三百七十六、少陰の三十二を百九十二倍して六千百四十四、合計一万一千五百二十という同じ数になる。

笠法には本笠、中笠、略笠といろいろあるが、ここに述べた手続きは本笠のものであって、全体が四段階からなっている。それを「四営して易を成す」という。

第一営は用いる策を左右に二分すること。第二営は一策を扐に掛けること。第三営は左の天策、右の地策について四をもって揲えること。第四営は天策の残余を中指と無名指の間にはさみ、地策の残余を中指と人差指の間にはさむこと。以上の四営によって一爻を得、以上を一変とする。したがって、大成の卦六爻を得るためには十八変を要するが、小成の八卦を得るためには、九変して三爻を得ればよいのである。

八卦を引き伸ばして六十四卦とすることができたのだから、相似たところの同類を敷衍してさらに長くすれば、ありとあらゆる事柄を網羅しないものはない。それで「天下の能事畢《おわ》る」というのである。

略筮法

このように「本筮法」では十八変を要するが、その半数の六変ですませるものを「中筮法」といい、さらに簡略にして三変としたものを「略筮法」としている。

略筮のばあいにも揲筮法《ちょうぜいほう》の要領は同じであって、五十本の筮竹から一本をとって別にし、残りの四十九本を無念のうちに二分して、左右に分ける。右のほうにある何本かは下におき、その中から一本を取って、左に筮竹を持っているその手の小指の間にはさむ。

それから左手に持っている筮竹を、右手で四本ずつ数えて取り去り、最後に端数として残ったものに、左手の小指の間にはさんであった一本を加える。その合算した数によって、八卦が立てられるのであって、一は乾☰、二は兌☱、三は離☲、四は震☳、五は巽☴、六は坎☵、七は艮☶、八は坤☷となる。

なぜ乾が一であり、兌が二というように数がきまっているかというと、それは伏羲の先天定位にもとづいているからである。

右の一変によって得た卦を内卦とし、もう一度同じ方法を繰り返し、二変を終わることによって得た卦を外卦とする。その内卦、外卦を合わせて得た重卦が、六十四卦のうちのどれかにきまる。

しかし六十四卦のどれかにきまっても、吉凶禍福を判断するにはまだ完全でないから、もう一変して爻の変を定めることにする。

爻を定める第三変のばあいだけは、筮竹のかぞえ方が、まえのときとちがい、四本ずつ取り去るのではなく、六本ずつかぞえて取り去る。重卦の爻が六爻あるからである。そして残りの数が一本ならば初爻、二本ならば二爻というようにし、もし六本ならば六爻、すなわち上爻となり、これによって何卦の何爻ということがきまるのである。
あとは彖辞、象辞の解釈にしたがって、易断をくだす段階となる。

易断の実例

何卦の何爻ときまったならば、彖辞と象辞をもとにして占いの判断をするわけだが、彖・象の辞そのものは、まことに空漠としてつかみがたく抽象的なものであるから、解釈の仕方によっては、いかようにも受けとれるものである。吉ともとれるし、凶ともとれることが多い。したがって、文字どおり「当たるも八卦《はっけ》、当たらぬも八卦」などといわれるわけだ。

たとえば、少年が朝、家を出たきり帰らないので、その行く先を案じてうらなうばあいに、雷地予の卦がでて、その初爻を得たとすれば、どういうことになるだろうか。

予卦䷏は坤下・震上で、よろこび、楽しむの意をあらわしている。しかるに震雷は声あって形のないもの、雷鳴が坤地の上に発するは目に見えないのだから、外に出て捜してもたずねがたいという判断もできる。

ところが、その反対に予は楽しみ、下卦の震はにぎやかな騒々しいところをさすから、人ごみの雑沓へ遊びに出かけたと判断し、得たところの初爻は北を意味するので、その遊びに行った先は北を示している。それに上卦の坤を夜とするので、夜になったら帰ってくるだろうという判断もできる。

もう一つの例として、待ち人がはたして来るかどうかのばあい、艮卦䷳で初爻を得たとしてみよう。艮を止まるとし、重艮なれば、当然、待ち人来たらずとなり、初爻を人体にとれば足とするので、足の故障で来られないと判断できる。

だがそれとは別に、初爻の変によって下卦は離となり、離を中女とするので、来るべき婦人は、重艮（艮の容器を重ねたもの）すなわち重箱を持参するという判断もできる。

ところで、ここにあげた二例のうち、前者は予卦の初爻を得たのであるが、その初爻の陰を陽に変じると予卦は震卦になる。また後者の艮卦で、得たところの初爻を変じると賁卦になる。

こういうばあい、さいしょに得た卦を本卦といい、変化したあとの卦を変卦、または之卦《しか》と呼ぶのであって、その本卦と同時に之卦をも考慮にいれて判断するのが古易のやり方である。江戸時代の易学者として知られていた新井白蛾《はくが》の『易学小筌《しょうせん》』（宝暦四年、一七五四年刊）などは、もっぱらこの古易法によるものであった。

しかし本卦と之卦を合わせ考慮にいれても、その判断が必ずしも確定しているわけではない。確定していないということは、当たるばあいもあれば、当たらないばあいもあることになり、断をくだす人の解釈如何によって、どうとも考えられるのである。

たとえば主人の外出中、だいじな品物が紛失したので、その在り場所を知りたいというばあい、それを筮してみると、天山遯☰☶に変の五爻を得たとする。すなわち上卦の乾が離に変じて火山旅となる。そこでどういう判断をするかというと、遯《とん》は隠遁し、退去するの卦であるから、当然、遺失物は出てこないと断じられる。

しかし、遯の全卦は巽と見ることができ、巽には伏して入るの意があり、品物は家の内にあることを示している。加うるに上卦の乾が離となり、離を見るとするので、品物は見つかるにちがいない。しかも乾を主人とし、五爻は君位であるから、主人が帰宅すれば見つかると断じてよい。

ここに示したのは易断の一例にすぎないが、人事百般におよんで、さまざまな作例を考えることができる。しかしここで大事なことは、同じ卦でありながら、まったく反対の判断もありうるということである。

「卦に常象なく、常義はない」ということばがあるのは、このことを意味している。これは極端な実例かもしれないが、三十年以上も易者生活をしているあいだ、ほとんどいつも无妄の卦一つで、人事百般の判断をしてきた人がいる。その人にとって、卦は常象・常義がないどころか、むしろ自由無碍な存在でもあり、また六十四卦はないに等しかったのである。

こういった行き方をさらに推し進めていけば、筮竹を使わない占い法もなりたつのであって、三枚の硬貨を投げてうらなう擲銭《てきせん》法もあれば、特殊なサイコロ（賽子）を振ってするうらないなどもあることになる。

易断には興味があるけれども、筮竹によって筮を立てるのがいかにもわずらわしいので、なんとかもっと簡便な方法はないだろうかといって相談をうけたことがある。それで次のような方法をすすめてあげた。

すなわち、二つのサイコロを振って、丁がでれば陰爻、半がでれば陽爻ときめて、それを六回繰り返すことにより、初爻から上爻まで六本の爻がきめられる。こうして一つの成卦を得たあと、こんどはサイコロを一つにして、それを一回振り、一がでたら初爻、二がでたら二爻というようにして、変の爻のどれかがきめられる。こうすると全部でサイコロを七回振るだけですまされるし、筮竹は必要でなくなる。こんな方法は、古式の揲法を尊重するひとたちからみれば、異端者の所業とおもわれるかもしれないが、易占を近代化する一法と考えればよい。

筮することによって得た卦そのものが、確定的な解答を与えないとすると、何を根拠にして易断をすればよいのだろうか。それについていちばん肝心なことは、正しい窮理と、占者の神霊的な勘のひらめきをたよりにするほかはあるまい。

窮理ということはひじょうに大事であって、易断を求める人のおかれている周囲の事情、そこまでに至った経過などを正しく知ることが、すなわち窮理であり、それなくして正しい易断はありえない。

そして最後に神霊的な勘のひらめきこそ、易断を左右する決定的なものではないだろうか。その勘は、ある程度まで訓練と、そのひとの生活によって得られる。いや、もしかしたら体質的なものかもしれない。

ある売卜者は、その日にくる客の数を予知することができたし、またある女占師は、その背後に立っている来訪者が、どんな悩みをもって来たかを察知することができた。この種のひとにとっては筮を立てる必要もなかろうし、まして難解な『易経』をひもとくこともいらなかったにちがいない。こういうことから考えると、易の世界は、合理主義者の目からすると、まったく不可解な無縁のものに見えてこよう。

五行易の見方と考え方

五行の考え方――生数――箕子の『洪範九疇』――『洪範全書』――相勝説・相生説――五徳の五行――五行・五味・五色・五情・五季・五方・五えと・五声・五臓・五常。五感・五帝――河図・洛書――朱子の『易学啓蒙』――盈数――洛書方陣――戴九履一――遁甲――九星術（九気術）――『讖緯書』――渋川春海の『日本長暦』――中根元圭の『皇利通暦』――紀元節の制定――神武即位の暦日――『書紀暦考』――宣長の『夏暦考』――漢暦の五伝――貞享暦――陰陽寮の官制――暦博士・陰陽博士――太陰暦・太陽暦――統天暦――グレゴリオ暦――十干・十二支――百済の僧観勒――天干・地支――えと――申年の結婚――丙午の女――辛亥革命――初午――桃の咲かない雛祭――重陽の日――七五三――三三九度――亥子まつり――亥子餅――亥子唄――庚申塚――庚申待――甲子さん――お酉さん――八百屋お七――犬公方綱吉と「生類憐み令」――犬金――柳沢出羽守と水戸黄門の決断――伊勢参宮する犬――岩田帯――カヨミがコヨミへ――六曜星――三隣亡――ウケに入る――十二運――天赦日――気学の基本――本命――相生・相尅――大吉・中吉・小吉――五黄殺・五黄土気――月命――旧暦・新暦――節変わり――方位・方角の吉凶――暗剣殺――四神相応の地――朱雀通り――三愚の地――保気と張り――巽張りの乾倉――鬼門・裏鬼門――シニケン――孟母三遷――宅相学

五行の循環思想を土台として

易の基本となっているのは八卦であって、それは天地風雷水火山沢を取りあげている。また『説卦伝』によると、乾を金とし、坎を水とし、離を火とし、巽を木とし、坤を土としてはいるが、五行の数をあげてはいない。事実、『易経』全文のどこをさがしても、五行についてはっきり明記したところはない。したがって「易には五行の説無し」という人さえあるほどだ。

しかし、だからといって五行の思想が全然なかったとも、いいきれない。むしろ五行というものを認めていたからこそ、繋けられたようなことばが易にはでてくる。

五行の考え方によると、青赤黄白黒の五色をとりあげて、黄は中央に位し、土にあたるものとしている。そういう考えがあったからこそ次のようなことばが繋けられたのであって、さもないと解釈できないのである。

坤六五「黄裳《こうしょう》、元吉《げんきつ》なり」
離六二「黄離《こうり》、元吉なり」
遯六二「之《これ》を執《と》うるに黄牛《こうぎゅう》の革《かわ》を用う」
解九二「田《かり》して三狐《こ》を獲《と》え、黄矢《こうし》を得《う》」
鼎六五「鼎《かなえ》、黄耳《こうじ》あり」

これらの爻辞があるばかりでなく、『繋辞上伝』には「天一地二、天三地四、天五地六、天七地八、天九地十。天の数五、地の数五。五位相得て各々合うことあり」と書かれている。

このことばは五行生成の数を示したものであって、それは天一を以て水を生じ、地二を以て火を生じ、天三を以て木を生じ、地四を以て金を生じ、天五を以て土を生ず。これが生数である。

生数は、すなわち元数であって、地六、天七、地八、天九、地十はいずれも一、二、三、四、五に五を加えてできるところの成数にほかならない。

奇数を陽とし、偶数を陰とするのは易の原則であって、成数の六は追加の五を引くと一になり、奇数にして、生数の一と同じく陽になる。

同様にして七から五を引くと二で、偶数の陰、八から五を引くと三で、奇数の陽、九から五を引くと四で、偶数の陰、十から五を引くと生数の五陽に帰するのだ。

こんなぐあいで、五行を暗示するようなものはすでにあったが、五行という用語をはっきりとりあげた書で最も古いのは、尚書『洪範』である。すなわち

「一に曰く水、二に曰く火、三に曰く木、四に曰く金、五に曰く土。水に潤下と曰い、火に炎上と曰い、木に曲直と曰い、金に従革と曰い、土は爰《ここ》に稼穡《かしょく》す」

とあるのがそれだ。

生数	成数
一(水)	六(陽)
二(火)	七(陰)
三(木)	八(陽)
四(金)	九(陰)
五(土)	十(陽)

水は低きについて物をうるおし、火は上に燃えあがり、木は曲げることもでき、まっすぐにもなる性質であり、金は熱を加えるにしたがって形をあらためることができ、土は種をまくと穀物のできるところといっているのだ。

では、この『洪範』というのは、どんな書かというのに、『書経』(すなわち『尚書』)中の一篇であって、洪大な規範という意味である。『書経』そのものは中国で最古の文籍に属し、上古における布告・命令等を祖述したものといわれ、秦が書をやくさいに、済南の伏勝なるものがこれを壁蔵し、その後、一部の数十篇は失われたが、現存のものだけが救出されたとなっている。

その洪範篇によると、周の武王が殷を討伐したとき、箕子《きし》が武王に授けたものが洪範九疇《こうはんきゅうちゅう》といわれる。そして、その由来については、次のような説がある。

箕子は殷の一族であったが、紂王に諫言を呈したかどによって幽閉の身となる。その幽閉中に、周の武王は紂を滅ぼし、箕子を迎えると同時に、これを厚く封じようとした。だが、箕子は周の封を受けるに忍びないとして、朝鮮へ赴くことになる。いったん朝鮮に封じられた箕子は、武王の即位後の十三年に武王を訪ねて、天倫・人倫の道を説き、『洪範九疇』を伝授したとある。疇は類の意味で、九種の分類からなる大法を「九疇」とよんだ。

しかし、こんにち『洪範全書』として知られるものは、宋代になって朱子の門下、蔡元定《さいげんてい》、その子、蔡沈が『易経』をまねて著わした亜流の書にほかならないとみられている。

『洪範』によって五行はうちだされたが、それは生成の順序にしたがい、水火木金土の五材とされていた。それが戦国時代以後、五行の相剋説が行なわれると、土木金火水の順序でよばれるようになった。さらに漢の時代に行なわれた相生説によって、五材の順序があらためられて五徳の順序にしたがい、木火土金水とされるようになった。

五徳の五行は、母子のように相生の関係にあるものであって、木生火（木は火を生じ）、火生土（火は土を生じ）、土生金（土は金を生じ）、金生水（金は水を生じ）、水生木（水は木を生じ）と循環して相生なりとする。

これに反し、木火土金水の順を一つおきずつに組み合わせると、それは相剋になる。すなわち木剋土（木は土に剋し）、火剋金（火は金に剋し）、土剋水（土は水に剋し）、金剋木（金は木に剋し）、水剋火（水は火に剋す）がそれである。

五行の順序をもっとわかりやすようにいうと、木には火がついて燃えやすく、火がついて燃えた物質は土に返ってしまう。土に返って土中にあったものはやがて鉱物となり、金属となる。土中の金を掘っていくと水が湧き出て、その水によって木が生じるといった順である。

この五行の循環を四季にあてはめていうと、天地自然の万物は春に生まれ、夏に繁茂し、その最盛期には一時止まり、秋に結実して、冬にはいったん死滅するが、再び春のめぐりくるとともに芽をだす。この巡行は、木火土金水の五行に合致するというのである。

四季の移り変わりばかりでなく、十干《えと》をはじめとして、その他もろもろの事象をも、五行にあてはめて考えようとした。その考え方は、ついに歴史以前の伝説的な帝王の名にまでおよんでいる。すなわち、中国さいしょの皇帝である太昊包犧を木徳とし、相生の順にしたがって系譜をつくり、漢の高祖を火徳とみることになっており、列記すると次のようになる。


太昊《たいこう》（包犧《ほうぎ》）木徳—炎帝（神農）火徳—黄帝（軒轅《けんえん》）土徳—少昊（金天）金徳—顓頊《せんぎょく》（高陽）水徳—帝嚳（高辛）木徳—唐帝（陶唐）火徳—虞帝《ぐてい》（有虞）土徳—伯禹《はくう》（夏后）金徳—成湯（殷）水徳—周武（周）木徳—秦伯（秦）（閏位）—漢高祖（漢）火徳

こういうぐあいに、五行へあてはめられたものを表記すると、次頁のようなのがある。

これらのうち、五声は楽音を五行にあてはめたものであって、宮を基音とし、音階の順にしたがって下から上にならべると、宮、商、角、徴《ち》、羽の順になる。中国の五音音階が、すなわちこれである。日本音楽も同じように五音音階ではあるが、音程の配列に相違するところがあって、中国の音階はドレミソラ（呂旋法）となっているが、日本のそれはドレファソラ（律旋法）である。

いずれにせよ、こういう五行の思想を土台としてできた木火土金水の五行へ、さらに乾兌離震巽坎艮坤の八卦を結びつけることによって、五行易は生まれることになった。

何事によらず、五を基本的な数字と考えるのは、中国民族の著しい特色であって、民族学者岡正雄教授の指摘するところによると、中国大陸の北方遊牧民族は、父系の氏族制度であったと同時に、五の数字を基本的に考える民族であったということだ。

五行	**木**	**火**	**土**	**金**	**水**
五味	酸《すっぱい》	苦《にがい》	甘《あまい》	辛《からい》	鹹《しおからい》
五色	青	赤	黄	白	黒
五情	怒	笑	思	憂	恐
五季	春	夏	土用	秋	冬
五方	東	南	中央	西	北
五えと（十干）	甲乙	丙丁	戊己	庚辛	壬癸
五声	角	徴	宮	商	羽
五臓	肝臓	心臓	脾臓	肺臓	腎臓
五常	仁	礼	信	義	智
五感	聴	視	味	触	嗅
五帝	太昊	炎帝	黄帝	少昊	顓頊

五行易の基本・九気術の考え方

中国の伝説によると、伏義がいちばん古い帝王であって、伏義以前に登場してくる人物なり氏族はない。その伏義は、易の八卦を作成したばかりでなく、河図《かと》の発見者でもあるとされている。『繫辞上伝』の第十一章に「河、図《かと》を出《いだ》し、洛《らく》、書《しょ》を出して、聖人之に則《のっ》とる」とあるその聖人が、すなわち伏義だというのである。

伏義氏が、黄河の河水から浮かび出た神馬の背に旋毛のあるを見て図とした。それが『河図』である。また、夏の禹王《うおう》が洛水を治めたとき神亀を捕え、その亀甲にある文から書を作った。それが『洛書』といわれる。

ところが経典には「河、図を出し、洛、書を出して」とあるだけで、それがどんな図書であったかは記してない。また『論語』の子罕《しかん》篇にも孔子の語として「鳳鳥《ほうちょう》至らず、河図を出さず、吾已《や》みぬるかな」とあって、河図の名にはふれているが、それ以上のことは知る由もない。

河図・洛書は当然のことながら、文字ではなく、一種の図である。河図は五十五個、洛書では四十五個の白黒の点によって示し、奇数は陽の白点で、偶数は陰の黒点であらわされている。

馬や亀の背にある文様を見て、なにかのヒントを得たということなのだろうが、これを数字によって説明しだしたのは漢時代の孔安国一派以後のことである。

一説によると、宋の時代、華山の道士陳搏《ちんはく》なるものが、これを異人に得たりと称して河図・洛書を示し、それを李《り》漑《がい》に授け、さらに伝えられて邵康節《しょうこうせつ》らに至ったともある。すくなくも宋時代になってから、河図・洛書がはっきり明示されるようになり、朱熹《しゅき》（すなわち朱子）の『易学啓蒙』で、詳説をみるようになった。

易では、奇数を陽とし、偶数を陰とし、したがって陽は一に始まり、陰は二にて始まるが、一に一を乗じても

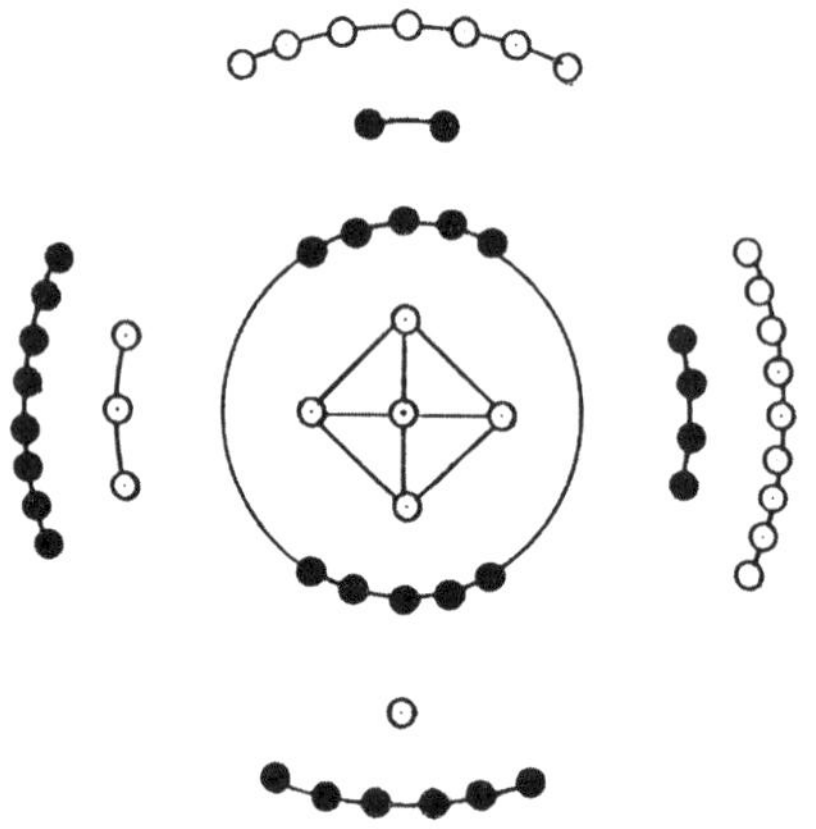

河　図

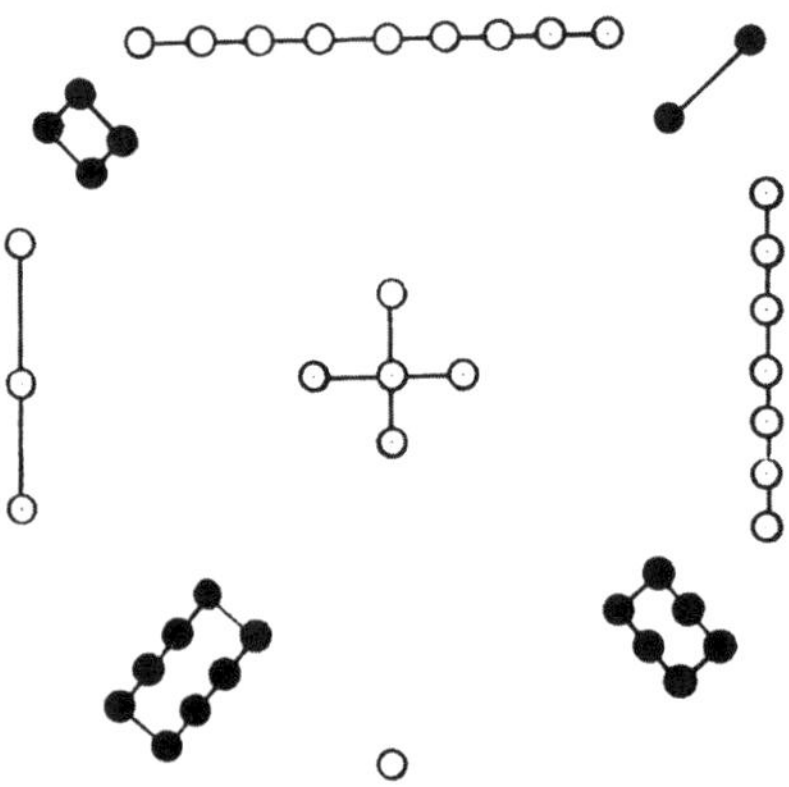

洛　書

一、二で除しても一であるにとどまり、なんの変化も起こらない。それで陽数は三からスタートするものとされる。

ところで、『説卦伝』に「帝は震より出ず」とあり、万物をつかさどるところの帝は、震すなわち東方から始まると教えているので、陽の基本的な数三を東方に配する。

その三に、陽数の三を乗じると三三が九となり、この九を離の南方に配する。その九の数にまた三を乗じて、三九、二十七となるが、盈数《えいすう》（満ちて十になった数）の二十を除いて、七を配したものが西方の兌である。

さらに、また七へ三を乗じると、三七、二十一となり、ここでも盈数の二十を棄てて、一の数を北方の坎に配し、その一に三を乗じれば、さいしょの東方、震の三にもどる。これで東、南、西、北の四正の数を得たことになる。

日は東方から昇って正午の南方に昇りつめると、こんどは西方に傾き、陰の始まりに移る。すなわち、陰数の基本的な数二を南西の坤に配する。

その二に陰数の二を乗じて、二二が四の四を南東の巽に配し、さらにその四に二を乗じた二四が八の八を北東の艮に配する。

八に二を乗じて二八、十六となったその盈数の十を省いて、六を北西の乾に配する。その六に陰数の二を乗じれば二六、十二で、坤の二にもどることとなり、これで四隅全部の数が得られる。

四正を得る陽数のばあいは、右まわりであったが、四隅をつくるときは逆の左まわりになるのであって、これは陰数を逆とみるからである。

以上のようにして得た数字と方位を図で示すと、東、南、西、北の四正に天の奇数を配し、他の四隅に地の偶数を配していることがわかる。このようにしてできた

南東		南		南西
	四	九	二	
東	三	五	七	西
	八	一	六	
北東		北		北西

正方形の数字配置を洛書方陣という。

この図の方位では、南の九を上にし、北の一を下にしているので、それを「戴九履一」（九を戴《いただ》き、一を履《ふ》み）といい、これがならわしとなって、易学上では図を描くばあい、つねに北を下にし、南を上においている。

伏羲氏が八卦を設けたといわれるからには、その八卦は当然、河図・洛書と合致せねばならない。それで八卦を河図に配すると、下の図のようになる。

河図は円形であるが、洛書は方形である。それは、河図は天にかたどるが故に円にして、四方だけあって四隅なく、洛書は地にかたどるが故に、四方のほかに四隅もあって方なりとされている。

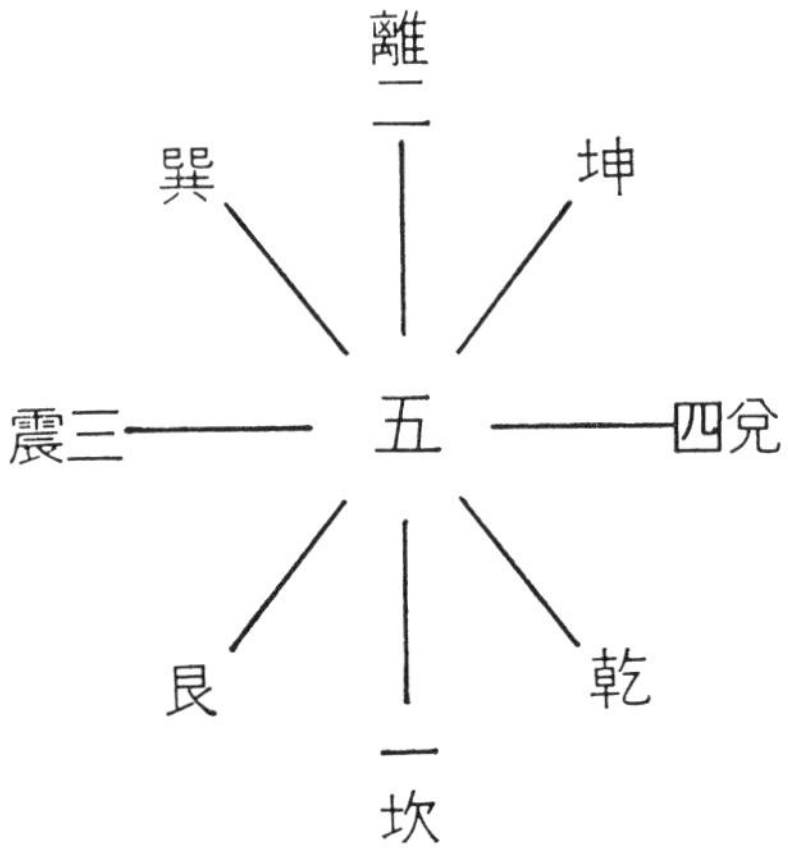

とくに洛書のほうは暗示的な要素を多分に含んでいるので、大いに応用された。洛書方陣によって数字を順に追っていくと、中央の五から乾の六→兌の七→艮の八→離の九→坎の一→坤の二→震の三→巽の四→そして中央の五へと循環的に進むのであって、これを「遁甲《とんこう》」とよんでいる。天地自然の大気は遁甲の順にしたがって運行し、それによって吉凶がもたらされるというのが九星術（九気術）の考え方で、これが五行易の基本になっている。

推古天皇の十年（六〇二年）百済《くだら》の僧、観勒《かんろく》が来朝したとき遁甲方術の書をもたらしたといわれるが、その遁甲方術をもとにして編みだされたのが九星術であり、さらにさかのぼって前漢時代にまとめられた『讖緯書《しんいしょ》』（一種の占い本）も、要するに洛書をもとにしたものであった。

日本の暦法はいつから始まったか

推古天皇の十年に百済の僧が暦本などもたらしたことは前述したが、その小治田朝、推古天皇の十二年（六〇四年）が上元の甲子一白に当たっているので、それを期して暦日が制定されることになった。だから、わが国の年代はその年以降のことははっきりしているが、それ以前にさかのぼって神武天皇にいたるまでの暦時は、逆算によって推定したものである。

どういうふうにして逆算したかというのに、『古事記』には暦年干支のことが記されてないが、『日本書紀』によると神武天皇の即位は辛酉の年、正月庚辰だったとある。それで推古天皇の九年（六〇一年）が辛酉に当たっているので、それから六十干支の二十一元（つまり上・中・下元を合わせて一蔀《ぶ》とすると七蔀）だけさかのぼることにしたのである。

この逆算を試みた学者には、江戸時代の渋川春海《はるみ》（別名・保井算哲）と中根元圭の二人がいて、渋川のものは「日本長暦」として知られ、中根のものは「皇和通暦」と呼ばれ、これは神武天皇の東征を甲寅の年に起算しているが、いずれも日本の紀元を紀元前六六〇年からスタートさせた点には変わりがない。

『書紀』の干支と一致させるために、六十干支の倍数をつごうよく算定して、即位の年を逆算したのであるから、実際よりも著しく延長されており、その年を歴史的事実とは認め難いというのが、こんにちの通説である。

また、庚辰正月の朔（ついたち）は、太陽暦になおすと二月十一日だろうからというので、それを紀元節にした。四大節の一つであった紀元節は、終戦と同時に廃止され、そのご昭和四十二年、紀元節の復活にかんして議論百出したことは周知のとおりだ。しかし紀元節の根拠となった神武即位の暦日がどうして算出されたかについては、ほとんどの人がわかっていないようである。

『書紀』には神武の即位を辛酉の年としてあっても、その暦日がはたして正確なものかどうか、実はそれを証明する方法はなにもないのだ。ましてや、渋川春海の『書紀暦考』によると、『書紀』の干支と合わない個所が全部で三十六もあるということだから、推して知るべしである。

それにしても、推古朝に百済から暦法や遁甲方術がもたらされたことは、わが国の暦法および易学にとっては、まさに黎明を告げる出来ごとであった。

朝鮮を経由して中国の暦法が渡来する以前のわが国にあっては、暦法らしい暦法はなに一つなかった。月次も日次もなく、昼のあいだは耕し、夜になれば眠り、春暖の候に種を蒔き、秋冷にはとり入れすることをただ繰り返していた。そこには自然暦があるだけのことで、本居宣長は『真暦考』のなかで、このへんの事情を「ただ天地のあるがままにて有ける」といい、上古の日本人が大らかに、のびのびとしていたことを記している。

推古天皇の十二年を上元の甲子として、それ以後は中国の暦法を用いることにはなったが、中国の暦法そのものにも問題がなくはなかった。なぜならば、唐や宋と時代がかわるにつれて、中国の暦もかわったからである。だいたい元嘉、儀鳳、大衍《たいえん》、五紀、宣明を「漢暦の五伝」といい、これらの諸暦が入れかわり立ちかわり、わが国でも用いられた。

こうして推古朝以後、漢暦をそのまま用いる時代は、じつに一千八十年のながきにおよんだ。すなわち霊元天皇、将軍綱吉の代、貞享元年（一六八四年）が上元の甲子にあたるのを期して、漢暦からいわゆる貞享暦へ切りかえられたのである。それは推古朝の甲子からかぞえて、ちょうど十八元（六蔀）を経過していた。

漢暦の伝来につづいて、易学もまたとり入れられたことは、文武天皇の朝、大宝元年（七〇一年）、大宝律令によって陰陽寮が設けられたことでもあきらかだ。当時は、すでに朝鮮経由でなく、直接、唐へ渡るものが年ごとにふえてきたので、唐の制度をそのまままねて、陰陽寮の官制としたのである。

陰陽寮には、暦を造る暦博士のほか、占筮《せんぜい》すなわち易を扱う陰陽博士《おんみょうはかせ》もきめられた。もちろん陰陽寮のおもな仕事は、毎年の暦を作り、日蝕・月蝕があればそれを予告し、また宮中に修理や造営のことがあるときは、その時日をうらなったりすることであった。

しかし、当時はまだ隋唐の学問をじゅうぶんに消化することができず、技術も未熟であったから、たとえば平安朝の時代、月蝕の刻限をまちがえたり、日蝕の有無について意見のまとまらないこともあった。そんな失敗やまちがいを重ねながら、ともかく奈良・平安とつづく王朝時代を通じて、易学はしだいにわが国に浸透することになった。

さて、漢暦の模倣を廃して、貞享暦に切りかえることを幕府に進言したひとは、前記の渋川春海であった。

春海は、寛永十六年（一六三九年）京都に生まれた。幼少のときから天文学に異常な興味をもち、十五歳で山崎闇斎の門に入って神道を学んだ。二十一歳になると国内を遠くまで巡遊して、日の出、日の入りが各地によって時刻差のあることを測定したりした。

三十五、六歳になったとき、陰陽頭《おんみょうのかみ》の安倍氏に師事して、天文暦術について学べるだけのものをすべて学んだ。しかし春海が中国伝来の暦法を学びつくして最後にえた結論は、「異国の暦法は本朝と所を異にするをもって、その差なかる可からず」ということであった。

春海は四十五歳になると、くわしい建白書を江戸幕府に送って改暦の必要性を説いたので、それが容れられて貞享暦の実現をみたのである。

ところで、この貞享暦がそのままつづいて、明治五年の太陽暦採用のときまで行なわれていたかというのにそうではなく、貞享暦にも多少の誤差のあることが後年になってわかり、宝暦、寛政、天保の三度にわたって修正が加えられた。しかし、いずれも太陰暦（厳密には太陰太陽暦）であったことには変わりない。

現行の太陽暦、つまりグレゴリオ暦に改められたのは明治五年からであって、旧暦の明治五年十二月三日を新暦の明治六年一月一日としたのだ。それで十二月朔日（ついたち）と二日の両日は十一月の末日に加えられて、十一月三十日、三十一日とする便法をとり、旧暦の十二月は全く削除されてしまったのである。

中国の太陰暦は、遊牧時代を脱して農業国となり、土地に定着して耕作することを始めてから、ながい年代をかけて徐々に作られたものである。だから四季の移り変わりや、潮の干満を知ろうとする農民・漁民にとっては、太陽暦よりも合理的なのである。

はやい話が、一月の季節感について両者を比較してもわかる。旧暦の一月は立春に始まり、いかにも年が改まって新春の近きをおもわせるが、新暦の一月ではまだ冬のさかりにあり、年が改まったという感じにはとぼしい。

実は紀元前の天文暦術についてみると、春秋戦国時代の中国のほうが、西欧のそれよりも発達していたといえる。それは紙と印刷も、茶と陶器も、絹と火薬も、中国のほうが先に発達していたと同じように、天文学のうえでも先進国だったのである。

すなわち、一太陽年を三六五・二四二五日としたのは、宋の慶元五年（一一九九年）に作られた統天暦であって、グレゴリオ暦の制定をみた年より三百八十三年も先の話だったことからも、いかに中国の暦術が発達していたかがわかるだろう。

要するに、グレゴリオ暦、つまり太陽暦は、キリスト教が必要とする教会暦として出発したので、暦日とは無関係な週日をとり入れたりしているのも、そのためである。キリスト教国でもないわが国が、季節感に乏しい太陽暦をあえて採用したのは、西欧の先進国に同調しようとした明治開国の方針によるものであって、それぞれ万国の暦日が共通という点で実務上には便利となった。しかし、それ以外の何ものでもないといってよい。

十干・十二支のいわれと俗信・迷信

甲《きのえ》、乙《きのと》、丙《ひのえ》、丁《ひのと》のほうを十干といい、子《ね》、丑《うし》、寅《とら》のほうを十二支というのだが、これらもまた、その本家は中国である。それがいつごろ日本へ伝えられたのか、はっきりした時期はわかっていないが、奈良朝の以前だったことはたしかで、おそらく推古天皇の十年（六〇二年）百済の僧、観勒《かんろく》が暦法をもたらしたときだったと推定される。したがって十干・十二支の名前がわが国でも親しまれるようになってから、すでに千五百年からになる。

『後漢書』の伝説によると、十干・十二支は、黄帝が大撓《だいとう》氏に命じて作らせたとある。黄帝というのは架空の人物だから、この説がそのまま通用するわけではないが、よほど古い時代からすでに十干・十二支のあったことは事実だ。

周以前の殷の時代に、暦日をあらわすのにこれが用いられていたことは、甲骨文を解読することで明瞭になっている。

甲骨文には「庚甲の日に卜《うらな》い、永が貞《と》う、河が雨にたたりせるか」「丁丑の日に卜い、賓が貞う、年を受くるか」

などといったように、トいをたてる日を十干・十二支で示すのが例になっていた。

周時代になって用いられていた例は、周易のなかにでてくる。蠱の彖辞には「甲に先だつこと三日、甲に後《おく》るること三日」とあり、また巽の九五には「庚に先だつこと三日、庚に後るること三日」とあるのがそれで、甲に先だつこと三日は辛にあたり、甲に後るること三日は丁、また庚に先だつ三日は丁、庚に後るる三日は癸をさしている。

十干は天の気の運行をあらわすものとされ、それで天干の別名があり、十二支は地の気をつかさどるところから地支ともいわれる。また十干の「干」は幹で、十二支の「支」は枝なりという解釈もある。

天干のほうは日本読みでいうと語尾に「え」「と」がつくので、俗に「えと」ともいわれる。したがって、子、丑、寅などの十二支をさして「えと」というのは正確ではない。

甲《こう》＝木《き》の兄《え》
乙《いつ》＝木《き》の弟《と》　東（春）

丙《へい》＝火《ひ》の兄《え》
丁《てい》＝火《ひ》の弟《と》　南（夏）

戊《ぼう》＝土《つち》の兄《え》
己《き》＝土《つち》の弟《と》　中（土用）

庚《こう》＝金《か》の兄《え》
辛《しん》＝金《か》の弟《と》　西（秋）

壬《じん》＝水《みず》の兄《え》
癸《き》＝水《みず》の弟《と》　北（冬）

この十干の字義を一つ一つ説明すると次のようになっている。

「甲《こう》は拆《たく》なり」とあって、立春の頃、草木が芽をだすまえ、種子の皮を破ろうとする状態で、甲を脱いで出るから甲といった。解卦の『彖伝』には「百果草木、皆甲拆す」とある。

「乙《いつ》は軋《あつ》なり」で、軋《きし》り出ること。啓蟄の頃、草木の芽が土から軋り出るので乙という。

「丙《へい》は炳《へい》なり」で、陽気がしだいに著しくあらわれ、明らかになることが炳、すなわち丙である。

「丁《てい》は壮《そう》なり」で、自然の勢いが壮大なるの義である。

「戊《ぼう》は茂《も》なり」で、小暑の頃になると、草木が繁茂するので戊といった。

「己《き》は紀《き》なり」で、万物が形を成して、識別されるの義。

「庚《こう》は更《こう》なり」で、暑気がようやく退いて、秋冷とともに万物の変更していくをいう。

「辛《しん》は新《しん》なり」で、晩秋の頃、果実が新たになるの義。

「壬《じん》は妊《じん》なり」で、土中にこもって懐妊し、来たるべき春を待つの義。

「癸《き》は揆《き》なり」で、土中にある草木が、陽気を推し揆《はか》って、時期の至るを待つの義である。

以上によってわかるとおり、甲乙は春、丙丁は夏、戊己は土用、庚辛は秋、壬癸は冬をさしたものである。

ところで、甲乙丙丁の十干はあまり曲解されていないが、子丑寅の十二支のほうには問題が多い。まず、その字義を解すると次のようになっている。

「子《し》は滋《し》なり」といって、冬至の頃、初めて一陽が地下に滋《ま》し生ずるの義。

「丑《ちゅう》は紐《ちゅう》なり」で、厳冬にさいし、陽気が陰気におさえられ、紐で紐《むす》びくくられるように難儀するの義。

「寅《いん》は螾《いん》なり」で、螾はみみずのこと。みみずは伸びるに先だってまず体をちぢめる。外に出ようとする陽気が、ちぢんでいるの義。

「卯《ぼう》は冒《ぼう》なり」で、春分の頃、いよいよ陽気が大地を冒して地上に出るの義。

「辰《しん》は伸《しん》なり」で、万物がみな舒伸《じょしん》（伸び長ずる）するをいう。

「巳《し》は已《い》なり」で、初夏の候、陽気が全部あらわれて已《や》むの義。

「午《ご》は忤《ご》なり」で、夏至ともなれば一陰が早くもあらわれ、陽気にそむき忤《さから》うの義。

「未《び》は昧《ばい》なり」で、味は暗しの義。正午ともなれば、中した太陽が早くも西に傾きだし、これによって大暑の候を示す。

「申《しん》は身《しん》なり」で、初秋の頃、万物が形体を成して、備わるの義。

「酉《ゆう》は緧《しゅう》なり」で、緧はしめるの義。陽気が衰え、万物が収縮する時候をさす。

「戌《じゅつ》は滅《めつ》なり」で、晩秋の候、万物の衰滅するをいう。

「亥《がい》は核《かく》なり」で、陰が長じ、陽は滅して、万物が収蔵し、堅い核の中に閉じこもるの義。


このように四時の移り変わりと万物の盛衰をあらわすのが本来の字義であったのに、子は鼠、丑は牛、寅は虎、卯は兎、辰は竜、巳は蛇、午は馬、未は羊、申は猿、酉は鶏、戌は犬、亥は猪というようにこじつけることをしたから問題が生じてきたのである。子を鼠とか、丑を牛にこじつけることは、これまた中国でやりだしたことだが、わが国でもこれによってさまざまな迷信を生みだすことになった。

申年の結婚は「去る」からいけない、寅年生まれは千里を走るから気性が荒い、丙午《ひのえうま》の女は火のように燃えて男を食い殺すなどというのがそれである。

この十二支は季節の移り変わりをあらわしたものであるから、その一つ一つを一年間の十二カ月に当てはめることができて、旧暦でいうと一月が子、二月が丑、三月が寅という順になっている。

また十二支は方位を示すのにも用いられ、子を北に配し、丑寅（艮）を東北に、卯を東に、辰巳（巽）を東南に、午を南に、未申（坤）を西南に、酉を西に、戌亥（乾）を西北にという順になっている。

十干と十二支は、実はべつべつのものだが、それを組み合わせて年号の代わりに呼ぶことは、殷墟から発掘された甲骨文にも記されていることでわかるように、上古の時代からおこなわれていた。

そういう呼び方は、中国のように統治者がしきりに交代して、同じ年号のながつづきしない国では重宝だったにちがいない。清朝を滅ぼして、中華民国がおこったときの革命は一九一一年のことで、それを辛亥革命《しんがい》とよんでいることは周知のとおりだが、西暦を用いていない中国では、その年の干支によってずばり辛亥革命とよんだのである。

年代を追って干支を順にさかのぼっていくと、前二〇六年、前漢の高祖が即位した年は乙未にあたっている。こうして二千年以上にわたり、歴史上の大事件があったその年、その年の干支がわかっているので、そこにまたいろいろな迷信や問題を生じることにもなる。

これに類することは、わが国にもあった。神武天皇の即位は辛酉《かのととり》の年であったとされているところから、この干支の年には大改変、大革新がおこるものとされた。醍醐天皇の昌泰三年（九〇〇年）は庚申の年で、辛酉をつぎの年にひかえている。それで右大臣菅原道真の栄達をねたんだ三善清行は、道真に上書して、来年は大変動の年であるから、このあたりで身を退き、隠居することを勧めた。そんな意見に耳をかさなかった菅公は、はたして翌年になると藤原時平の告げ口によって、九州の大宰府に流される運命になったというのである。

古来、民間の行事には十干や十二支にちなんだものが多い。二月の初めの午の日におこなわれるお稲荷さんの祭を初午《はつうま》といい、とくに京都伏見の稲荷神社の大祭は有名である。三月におこなわれる雛祭は、本来は陰暦の三月上旬、巳の日がその節句であったのが、いつのころからか、新暦の三月三日にきめられてしまった。桃の節句とはいっても、まだ桃の花が咲いていないのは、そのためである。

奇数を陽とし、偶数を陰とすることは、すでに書いたが、九月九日を重陽《ちょうよう》の日とするのは九の陽が重なっているからで、三月三日の桃の節句、五月五日の端午の節句に対して、これを菊の節句という。むかしは栗節句ともいったが、菊の節句とよぶほうがきれいごとだし、菊の花びらを酒にひたして飲むと、長寿の祝いになるともいわれた。

十一月十五日に、子供のために七五三の祝いをするのも、新郎新婦が三三九度の盃を交わすのも、みな陽数をめでたいものという考えからきている。こんな風習は科学的に根拠のないものだといってしまえばそれまでだが、万事をそういうふうにかたづけてしまうと、人間の生活はひからびて、夢のないものになってしまうだろう。

昔はさかんだった行事に、亥子《いのこ》まつりがあった。おもに関西から九州にかけておこなわれた行事で、十月初めの亥の日の亥の刻に餅を食うと病気をしないとか、猪が多産であるように子宝にめぐまれるとかいわれた。この日に新穀で搗いた餅を亥子餅《いのこもち》といい、またコタツを開くのもこの日であった。

亥子は子供の祭でもあった。大きい石を四方から縄にくくりつけ、それを家々の門口にもっていって、ひきあげてはドシンと落としたり、藁を束ねたもので地面をたたいて、家から家へとまわったりしながら、餅をもらったあとに亥子唄をうたったのである。

亥子唄では紀州の山奥で古老のうたうのをきいたこともあるが、九州ではとくに壱岐・対馬に多くの歌詞が記録にのこっている。これによっても、西日本では広範囲におこなわれた行事であることがわかる。

亥子唄はわらべ唄だから文句も簡単で、「亥の子　亥の子　亥の子餅搗いた　繁昌せ　繁昌せ」とか、「亥の子　亥の子　亥の子の晩にゃ　餅ついて祝え　祝わんものは鬼生《う》め　蛇生《う》め　角の生《は》えた子生《う》め」などというのがあった。

しかし佐賀県には亥子唄として、つぎのように長い文句のものが記録されている。

よいとんな　こいとんな
亥の子の餅は石で搗く
十月では　初亥の子
山寺坊主が来たなれば
十日も二十日もとめ置いて
洗濯させよか　まま炊かしょ
すーすきゃ降る雪
すーすきゃたん　とこたんたん
高念寺　高念寺
高野こっきり　弘法大師
添えちょけ　負けちょけ
千も万も

こうなると、わらべ唄ではなく、民謡の部類に属するといえそうだ。亥子と書いて「いのこ」と読ませているが、もともと猪《いのしし》のことを「いのこ」ともいうからだろう。

十干・十二支にちなむものでは、このほかに庚申塚《こうしんづか》とか庚申待《まち》などもある。庚申塚は辻の入口や路傍にまつってある塚で、申《さる》にちなみ、三匹の猿を刻んだ石などを立てることもあった。道祖神と同じような意味をもち、厄病・厄神の侵入を防ぐためのものであった。東京の巣鴨には、庚申塚という地名のあったことを記憶しているひともあろう。

一方、庚申待は中国の道教にもとづく祭事で、神仙混淆の時代、仏教では庚申堂に集まり、神道では猿田彦をまつって、庚申の前日、己未（つちのと・ひつじ）の夜は一晩じゃう会食したり酒盛りなどをして寝ずの徹夜をするのであった。

道教の信仰によると、人間の生活を監視させるために彭侯子《ほうこうし》、彭常子《ほうじょうし》、命児子《めいじし》という三人の使者、もしくは人の体内にいる三尸虫《さんしちゅう》という虫があって、それが庚申の日には天帝のところに集まり、人間の悪行を報告することになっている。だから、それらの使者が天へ昇っていかないように寝ずの番をするというのが、徹夜のいわれであった。猿田彦をまつるのも、また三猿を彫刻するのも、これまた申にちなんだものにほかならない。

干支は甲子から始まるので、その日には「甲子《きのえね》さん」といって、よく祭事がおこなわれる。この日におこなう大黒天の祭を「甲子祭」といい、その祭に集まって会食しながら夜ふかしをすると、災難にかからないなどといわれた。

干支にちなんだ行事のなかには、他人へ迷惑をかけるのもあれば、かけないのもある。迷惑になるものを迷信といい、そうでないものを単に俗信といってよかろう。

俗信のなかには楽しみとなる行事もあり、酉《とり》の市《いち》などはそのたぐいである。「お酉さん」とよんで親しまれ、毎年十一月の酉の日におこなわれる。酉待《とりまち》というのが、正式の名前であった。待というのは、庚申待の待と同じように祭の意味である。お酉さんの大将格は浅草・鷲《おおとり》神社のそれだが、近年は東京都内でいくつもの神社が酉の市をひらくようになった。この日の売りものに熊手があるのは、財宝を「とり込む」ようにとのことだろう。また三の酉まである年には火事が多いなどといわれたが、そんなふうにいって火の用心をさせたのかもしれない。

こんな俗信はさしつかえないとしても、丙午の迷信のために、娘の縁談がこわれるようなこともむかしはあったようだ。ひのえは火の兄で、馬はよくはねるものだから、そんな女を嫁にもらうと、蹴り殺されてしまうなどといわれたものである。

また丙午の年には火事が多い、などといった根拠のない話もでてくる。それは放火事件で有名な八百屋お七が、丙午の生まれだったという説からきているらしい。しかしお七の生まれたのは、丙午の寛文六年（一六六六年）とも、甲戌の寛文八年（一六六八年）ともいわれ、二説があって、たしかなことはわからない。

いずれにせよ、お七が家に火をつけたのは、天和三年（一六八三年）十二月十八日のことになっているが、東京小石川の円乗寺にあったお七の墓には、天和三年三月二十九日の死と刻んであったそうで、そうすると火事のあった時より九カ月もまえに死んでいたことになって、辻褄があわない。もしも寛文六年の生まれだったとすると、火事のあった年には十八歳になっているお七であった。ところが、もうひとつの説によると、吉三《きちさ》とか吉三《きちぞう》という不良少年にそそのかされて放火したともいう。

いずれにせよ、江戸時代の年譜をみると、毎年のように火事の記録があるのであって、丙午にはなんのかかわりもなく出火していることがわかる。

もっとひどい、有名な話がある。犬の殿様といわれた徳川五代将軍綱吉のことで、この殿様は跡目相続のことが問題になったとき、ぜひ自分の血を分けた嫡子がほしいとおもい、それには自分が戌年（正保三年）の生まれであるから、犬をだいじにかわいがれば男子が得られるという迷信をそのままうのみにして実行したことだ。

まず元禄七年、「生類憐み令」という犬保護令をだすと同時に、大久保にある御用邸二万五千坪を犬小屋にあて、江戸市中で飼主のない犬は見つけしだいに集めさせてきた。その数がなんと五万匹にもなったので、さらに中野にある一万六千坪の地所へ、二年がかりで檜造りの犬小屋を建造させて収容した。これらの犬を管理するためには、米倉昌尹《まさただ》を総奉行に任じ、その下役になん人もの人夫を配したばかりでなく、かかりきりの犬医者までもきめられた。

元禄九年になると、犬金《いぬがね》という課税法を設け、これらの犬小屋を維持するため、一町内ごとに米五斗六升を納めさせることにした。また犬を虐待したものは厳重に処罰する法令をさだめて、江戸市中引廻しや島流し、重いのは獄門にかけられるものが数知れずでたほどである。

ところで、この犬物語には、さらに後日談がある。将軍綱吉が犬保護令をだして、いろいろな強硬策を強行することができたのは、将軍自身の威光もあったろうが、側近の臣下に柳沢出羽守保明《やすあきら》（のちの美濃守吉保）がいて、忠臣ぶりを発揮したからである。柳沢は一まわり歳下の同じ戊年（万治元年）の生まれで、同じように犬の迷信にとらわれているのであった。

そのころ水戸光圀《みつくに》公は、家督を養嗣子綱条《つなえだ》にゆずり、隠居の身となって黄門と号していたが、綱吉のゆきすぎた犬保護令のために町民の苦しむのを見るに忍びず、ついに一策を案じた。元禄六年十二月、よく肥えた大きい犬二十匹を殺し、その皮を箱詰めにして水戸から江戸の柳沢保明のところへ書状とともに届けさせたのである。

その書状には、「前中納言おいおい老年におよび、何かと養生に心を用い候ところ、寒気の折柄にはこの品よろしくと存候えば、憚りながら上様にもおいおい御歳も召させられ候間、この節よりご養生遊ばされ然るべくと存じ候。些少ながらこの品献上いたしたく、よろしくご披露賜わるべく」と書いてあった。

わざわざ柳沢を通じて犬の皮二十枚を献上したのは、光圀の胸中に含むところがあったからだが、おどろいた幕府は、水戸老公が発狂したのではあるまいかと疑った。しかし、いきなり狂人扱いするわけにもいかないので、翌年三月、綱吉の面前で周易の講義をしてほしいという名目で、老公を江戸によびだし、登城を命じた。ところが、その講演は条理整然たるものであって、いかなる点からみても狂人扱いを許さない堂々たるものであったという。

もともと光圀は、綱吉にとっても柳沢にとっても目の上のこぶ同然のけぶたい存在であった。それで柳沢が、水戸の家臣藤井紋太夫と通じあって、光圀を隠居の立場においやったのである。そのことをよく承知している老公は、御前講義をすませた三日後の三月十八日、断乎、自分の手で紋太夫を手打ちにしてしまった。

そのご、宝永六年に綱吉が死去すると、六代将軍家宣の代になって「生類憐み令」は廃止されたが、それによって赦免・解放されるもの六千人をこえたとあるから、いかに気ちがいじみた刑罰であったかがわかる。

ところで、「生類憐み令」がながくつづいたため、「江戸名物は犬の糞」ということばができたほど犬がふえてしまい、「憐み令」が廃止されてからも、一丁ごとにすくなくも五、六匹の犬を見かける始末となった。武家や寺院の飼い犬にはとくに強豪なものがあって、なかには伊勢参宮をする犬まであった。そのことについて『江戸府内絵本風俗往来』という本には、あらましつぎのように書かれている。

そのころ東海道は諸大名の上り下りする行列のほかに、伊勢参宮をする庶民も多かったので、それらの道中につきまとって離れない犬もいた。追っても打っても離れない犬がいると、竹筒を造って、それを犬の頸に結びつけ、筒の中にいくらかの銭を入れてやるような武家の供者たちがいた。

筒を結びつけられると、犬はつきまとうのをやめて走りだし、日が暮れると次の宿駅で人家の前にしゃがむ。宿場の者もそれを参宮の犬と心得ていて、めしを与え、晩にはやすませてやる。めし代としていくらかの銭を竹筒からとると、またあとを筒に残してくくりつける。こうして日を重ね、ついに伊勢神宮へたどりつくと、宮司はお札を竹筒に入れてやるのであって、それが伊勢参宮を果たした犬であることの証明にもなった。そして無事にまた江戸にもどってくると、その犬は町内の愛犬家たちによって、大歓迎されたという。

いかにも、お蔭参りや抜け参りといって伊勢参りのさかんだった頃には、ありそうな話だ。

もうひとつ、十二支の戌にかんしては、今でもすたらない風習がある。妊娠五カ月目になると、その月のさいしょの戌の日に、岩田帯を妊婦の腹に巻くというのがそれである。岩田帯というのは結肌帯《ゆいはだおび》から転化したことばで、とくに安産の神といわれる水天宮で求めたのがよいとされている。

では、なぜ戌の日に腹帯をするようになったのか。それについては『江談抄宇治大納言物語』に、つぎのように書いてあるそうだ。

六十六代一条天皇の寛弘五年（一〇〇八年）九月十一日、中宮藤原彰子の産期が近づいたとき、一匹の犬の子

伊勢参宮の強犬
（『江戸府内絵本風俗往来』から）

が産室の床下にまぎれこみ、事もあろうにその廊下まで上がってきた。

何事にも迷信ぶかい当時の廷臣たちは、不吉の前兆ではないかと案じて、さっそく陰陽師に告げて占わせた。すると陰陽師はきわめて平静に、それはめでたいことで、生まれる皇子は男子で、しかも幼少にして一天万乗の位につかれると答えた。事実そのとおりの皇子が生まれて敦成と名づけられ、寛弘八年、四歳で皇太子となり、長和五年、九歳で天皇に即位した。これが後一条天皇である。

陰陽師はなにを根拠にして占ったかという説が、またふるっている。それを占ったのは当時の陰陽博士、大江匡衡《まさひら》であって、匡衡は部下の陰陽師に命じて一枚の紙に「犬子」の二字を書かせ、その犬の右肩にある点を大の字の床下に入れたら太子となり、その犬の子を大の字の上に持っていけば天の字になる、よって犬の子は太子ともなり、天子ともなる知らせだと告げたそうである。

こんな話は真偽のほどもわからないが、ともかく戌の日に腹帯をする習慣は、民間にもひろまって、よほど古くからおこなわれるようになったものとみえる。

六曜星と三隣亡の種あかし

陰陽道に暦法はつきもので、吉凶禍福を占うばあい、日付を抜きにしては占いのしようがない。したがって大宝律令によって設けられた陰陽寮は、毎年の暦をつくることが最大の仕事になっていた。

百済を通してわが国に中国暦がもたらされたのは欽明天皇の十四年（五五三年）がさいしょとされているが、この話はあまり確実とはいえない。たしかに中国の暦本が導入されたのは、それより半世紀後、推古天皇十年（六〇二年）、百済僧観勒の来朝したときであった。

中国暦のはいってくる以前にも、稲作を通じて年ごとの区切りは知っていたろうし、日の出と日没によって日を数えることもできた。日を数え読むことをカヨミといい、そのカヨミがコヨミ（暦）になったといわれている。日をカと読む読み方はいまもおこなわれ、二日（ふつか）、三日（みっか）、四日（よっか）などというのがそれである。

中国暦がもたらされると同時に、十干・十二支も導入されただろうが、そのご陰陽道がはびこるにつれて、暦法はますます複雑化していった。六曜星がもうけられたり、三隣亡が挿入されるようになったのはそのためであり、はやくいうとこれらは不用なぜい肉のようなものである。

六曜は、またの名を六輝ともよばれるが、五行易にも陰陽道にもなく、また方位を示すでもなく、まったく正体不明のものである。しかし先勝（せんしょう）、友引（ともびき、ゆういん）、先負（せんぶ、せんまけ）、仏滅、大安、赤口（しゃくこう）という六つの名前だけは、案外知っているひとも多いようである。

これがわが国にはいってきたのは十四世紀の中頃、足利時代に伝来した中国の書『事林広記』からであり、それによると有名な諸葛孔明が戦争で経験したことにもとづくものとさえ誇張されていた。いったん渡来したが、江戸時代にはまったく忘られており、それが天保時代になって用いられだし、皮肉にも明治六年の改暦があって以後、民間暦のうえに記入されるようになった。したがってこれは、ほぼ百年前からわが国に根をおろした迷信である。

先勝とか友引という意味をあらわすために、昭和の初めごろまでの和暦本には、いろいろな表示記号がつけてあった。その意味をもあわせて列記すると次のようになる。

先勝 ◐ 万事、先手をとって急ぐと勝つ日だが、午後は悪い。それで左半分が黒になっている。

友引  連れの仲間が引っぱられる日で、この日に葬式をだすと、つづいて誰かがあの世へ引っぱられる。したがって葬儀屋は休み同然になる。六曜ができた初期には留連といった日で、遊里に泊りつづけることを留連荒亡というのはこれからきた。

先負◑午前が悪く、午後によくなるので、右半分が黒い。こっちから手を出すと負けになる日。
仏滅●何事も一日じゅう悪いのでまっ黒。婚礼式場は商売にならない。
大安○一日じゅう大吉、婚礼をはじめとして、棟上げ、店開きにもこの日がえらばれた。
赤口◐正午だけがよくて、午前も午後も悪いというが、その意味は不明。

この六曜が、どんな仕組みで暦のうえに配されているかというと、旧暦の朔（一日）を次のように定めて、あとは順に星を追っていくが、月末には切り捨てて、翌月の一日からスタートしなおす。

一月一日と、七月一日は先勝から
二月一日と、八月一日は友引から
三月一日と、九月一日は先負から
四月一日と、十月一日は仏滅から
五月一日と、十一月一日は大安から
六月一日と、十二月一日は赤口から

つまり旧暦の一月一日と七月一日は毎年先勝であって、二月一日と八月一日になると、まえの月の末日がなんであろうと打ち切りにして、友引となるのである。

旧暦では一年十二カ月のうち、三十日の月もあれば、二十九日の月もあるので、ばあいによっては仏滅の日が二日つづくこともあり、大安の次にまた大安がくることもあり得る。こんな仕組みになっているという種あかしをしてしまえば、六曜が、いかにも人騒がせな迷信にすぎないことがわかるだろう。

三隣亡のほうは、仏滅・大安ほどさわがれていないが、市販の暦本などには、いまでもその日のところに「さんりんぼう」と記入されている。さいしょは三輪宝と書かれたものだが、いつしか三隣亡として、なんとなく縁起の悪そうな字に改められてしまった。そしてこの日に棟上げすると家が倒れるとか、怪我人がでるなどといわれたので、大工や建築関係者にとっては、いやな日とされていた。

三隣亡がきめられる仕組みは、しごく簡単なもので、これまたその種あかしを知ってしまえば、なんの根拠もないものであることがわかる。すなわち一月、四月、七月、十月には十二支の亥の日、二月、五月、八月、十一月には寅の日、三月、六月、九月、十二月には午の日が三隣亡となっている。したがって、一カ月のうち二度もしくは三度、三隣亡の日にぶつかる。だが、その日がなぜ三隣亡になるのかという説明は、どこにも書かれていないのである。

十二支にちなんだ迷信としてもうひとつ、十二運というのがあった。物事が順調にいったり、景気づいてくることを「ウケに入る」といわれたものだが、そのウケというのは十二運からでたことばである。

十二運というのは、胎・養・長・沐・官・臨・帝・衰・病・死・墓・絶の十二字を五行と十二支に配置したもので、それを表にすると次頁で示すようになる。

たとえば三碧木気・四緑木気の年に生まれた木性の人は、酉の月（十月）から卯の月（四月）までの七カ月はウケに入り、辰の月（五月）から申の月（九月）までの五カ月はムケに入るといった。これを年にとって、酉年から卯年までをウケ、辰年から申年までをムケとみることもできるのであって、これをウケ七運、ムケ五運といった。

もともとウケ、ムケということばは、『大般若経』にある「貧窮無暇、入有暇」という句からきたもので、貧乏暇なしであったが、金持ちになると有暇（有閑）生活に入るという意味である。つまり貧乏は無暇（ムケ）で、裕福は有暇（ウケ）というわけだ。この有暇を、有卦と書くこともあった。

十二運に当てはめた字を見ると、ウケのほうは景気のよさそうな字があり、ムケのほうには不吉らしい字ばかりで

むけ					うけ							け
絶	墓	死	病	衰	帝	臨	官	沐	長	養	胎	**十二運**
申	未	午	巳	辰	卯	寅	丑	子	亥	戌	酉	**木性**
亥	戌	酉	申	未	午	巳	辰	卯	寅	丑	子	**火性**
巳	辰	卯	寅	丑	子	亥	戌	酉	申	未	午	**土性**
寅	丑	子	亥	戌	酉	申	未	午	巳	辰	卯	**金性**
巳	辰	卯	寅	丑	子	亥	戌	酉	申	未	午	**水性**

ある。しかしこれもなんら根拠があってのことではなく、土性と水性の人は、ウケ七運、ムケ五運が同一になったりしている。もちろん、こんにちでは十二運などまったく忘られてしまった。

文字からこじつけられた例として、もうひとつ天赦日《てんしゃにち》があげられる。天が万物を養育して、その罪をゆるすところの大吉日といわれ、婚姻や開業にとっても最上の日とされていた。日取りは春の戊寅の日、夏には甲午の日、秋には戊申の日、冬には甲子の日となっているが、これまたなんら根拠があってきめられたものではない。

運勢と性格に影響する相性の見方

人間の運勢や、そのひとの性質は、生まれた年、生まれた月によった左右されるという考え方がある。西洋でも占星術がおこったバビロニアの時代からすでにこの思想があったし、中国大陸では三千五百年前の殷の時代からそういう考えがあった。

赤児が誕生して、胎内からでると、さいしょに大気を呼吸したその年、その月、その日の気によって、運勢のうえに大きい影響があるという考え方である。

この思想は、長い年月と経験をへていくうちに、しだいにかたまり、生まれた年月と、木・火・土・金・水の五気、すなわち中国でいうところの五行を結びつけて吉凶の判断をする方法がまとまった。そういう考え方を土台にして、人事百般の進退にまで応用しようとするのが五行易のたてまえであり、この五行易は気学という名前でも知られている。

ことごとくの森羅万象を五行に当てはめて考える思想を「五行説」ということはすでに述べたが、五行を土台にして、そのうえに一白、二黒、三碧、四緑《ろく》、五黄、六白、七赤、八白、九紫の九気を配したのが、気学の基本になっている。

四季の移り変わりを示すところの木火土金水の順序にしたがい、木気は春であるから、これに三碧と四緑を配し、火気の夏には九紫を配し、土気は季節の変わり目となる土用であるから二黒と五黄と八白の三つを配し、金気は秋で六白と七赤を、水気の冬には一白をもってきた。これによって一白水気、二黒土気、三碧木気、四緑木気、五黄土気、六白金気、七赤金気、八白土気、九紫火気の九気ができた。

一白水星とか二黒土星などという呼び方もあるが、星という字をつかうと、五行説に対する好個の攻撃材料にされるので、近来は星の代わりに気とするようになった。

五行説はなんら根拠のないものと断じるばあい、こういう意見がだされる。――遊星が木星、火星、土星、金星、水星の五星にとどまっていた時代はよいとしても、一七八一年にイギリス人のハーシェルが天王星を発見し、一八四六年にドイツ、フランス、イギリスで時を同じくして海王星を発見し、さらに一九三〇年になると冥王星が発見されて、八つの遊星になってしまったのだから、五行説は八行説にでもせねばなるまい。

しかし、易にいうところの五行説は、もともと遊星を根拠にしたものではないから、攻撃材料としては見当ちがいな意見である。西洋の占星術はその名の示すとおり星を土台にしているが、五行説は「気」のうえになりたつものであって、その気とはなんぞやというと、朱子などの指摘した「気」がそれであったようにおもわれる。

生まれた年によって、運勢や性格のうえ大きい影響をうけるという考えから、九紫の年に生まれたひとは九紫を本命とし、八白の年に生まれたひとは本命が八白だというよび方をする。自分の本命がなんであるかは市販の暦を見ればわかることだが、その暦を見るばあい注意を要するのは、どの年にしても、一月一日から二月三日までのあいだに生まれたひとは、前の年の九気に属することである。たとえば昭和五十年の一月から二月三日までのあいだに生まれたひとは、昭和四十九年の八白を本命とし、二月四日から以降が、はじめて七赤になる。なぜかというのに、易では旧暦を土台にしており、年の変わりめである立春の日は、新暦のうえで二月四日にあたるからである。

注意して暦を見るとわかることだが、九気の順序は年ごとに逆進するのであって、九八七六五四三二一とすすみ、それからまた一白から九紫にもどって繰り返されることになっている。暦のうえに九気が当てはめられたのが漢の時代からとすると、およそ二千年の昔から九紫、八白、七赤……を繰り返して、こんにちに至っているのである。

相性《あいしょう》を判断するためには、自分の本命を知ると同時に相手の本命も知らねばならないが、相生《そうしょう》ならば吉となり、相剋《そうこく》ならば凶とみるわけで、相生・相剋の説明はすでに述べてある。それを表にして示すと次のようになる。

この表をみると、相生の吉には三とおりあることがわかる。先方からもってきてくれる吉が大吉であり、自分から努力することによって吉となるのを小吉とするのだが、もうひとつ中吉というのがある。

中吉というのは、同気の仲間であって、可もなし不可もなしといったところである。たとえば二黒土気にしてみれば、五黄も八白も同じ土気であって、互格の吉とみられる。また三碧と四緑にしても同じ木気であるから、三碧にとって四緑は中吉であり、四緑にとっては三碧が中吉となる。

方位をみるばあいには五黄殺というのがでてくるが、それと本命の五黄土気とを混同してはならない。ここにいう五黄は、五黄の年に生まれた人の本命をいうのであって、五黄土気と相生のひともあれば、相剋のひともあることになる。

以上のような方法で、年まわりの相性はわかるが、もうひとつ大事なことがある。それは生まれた月によっても気性の相違があり、その点も考慮にいれて相性をみなければならないことだ。

九気は年ごとに改まるのであるが、さらに一カ月ごとに、一日ごとに、一時間ごとに改まるのであって、相性の判断で大きい役割をするのは、年の本命と、月の本命である。月の本命は略して月命といっている。

本命＼吉凶	相生			相剋	
	大吉	中吉	小吉	凶	大凶
一白水気	六、七	ナシ	三、四	九	二、五、八
二黒土気	九	五、八	六、七	一	三、四
三碧木気	一	四	九	二、五、八	六、七
四緑木気	一	三	九	二、五、八	六、七
五黄土気	九	二、八	六、七	一	三、四
六白金気	二、五、八	七	一	三、四	九
七赤金気	二、五、八	六	一	三、四	九
八白土気	九	二、五	六、七	一	三、四
九紫火気	三、四	ナシ	二、五、八	六、七	一

一日ごとに、また一時間ごとに変わる九気は、吉凶をもたらす期間が短いのでさほど重要に考える必要はない。それにひきかえ年の本命と月命は、そのひとが死ぬまで作用するものとされている。

たいていのひとは、生まれた年の九気がなんであるかは知っているが、生まれた月の九気は知らない。そういうばあい、つぎのような算出法によって、月命を知ることができる。

一白四緑七赤……(八)……二月が八白
九紫六白三碧……(五)……二月が五黄
二黒五黄八白……(二)……二月が二黒

すなわち一白、四緑、七赤を一つのグループとし、九紫、六白、三碧を一つのグループとし、二黒、五黄、八白をもう一つのグループとして三つに分けると、最後のグループは二月が二黒に当たり、二番めのグループは二月が五黄に当たり、初めのグループは二月が八白に当るのである。

どのグループでも二月の九気がわかれば、あとは逆進して数えると、自分が知りたいとおもう月の九気を求めることができる。

たとえば一白の人が三月の生まれだったとすれば、二月が八白だから、三月は七赤に当たり、もし四月に生まれたとすれば六白になるということがわかる。

この算出法をおぼえるには「一四七、九六三、二五八、二五八」という数字を棒読みに暗記しておきさえすればよいのだから簡単である。

新暦の一月は、旧暦でいうとまだ十二月であって、新年を迎えたことにはならない。旧暦で年が改まるのは、いまの二月、それも二月四日の立春の日からである。毎月、旧暦が新暦よりひと月おくれになっているのを列記すると次のようになる。

（旧暦）（新暦）

一月＝二月四日、立春の日から
二月＝三月六日、啓蟄の日から
三月＝四月五日、清明の日から
四月＝五月六日、立夏の日から
五月＝六月六日、芒種の日から
六月＝七月七日、小暑の日から
七月＝八月八日、立秋の日から
八月＝九月八日、白露の日から
九月＝十月九日、寒露の日から
十月＝十一月八日、立冬の日から
十一月＝十二月七日、大雪の日から
十二月＝一月六日、小寒の日から

ここに書いた季節の変わりめを節変わりの日といい、これらの節変わりは年によって一日ぐらい前後する月がある。したがって、本命一白のひとが二月一日に生まれたから、月命は八白だと思ったらまちがいで、八白の月になるのは二月四日からであって、そのひとは九紫の月命だということがわかる。

以上のようにして、月の本命すなわち月命はわかるが、その月命にも相生の気と相剋の気があるわけで、したがって年まわりはよくても、月まわりのわるいことがある。そこで本命と月命の双方からみて、つごうのいい相性をさがさねばならない。

たとえば一例をあげて、二・七の人（二黒土気の本命・七赤金気の月命）がいたとすると

二黒土気の相生＝九、五、八、六、七

七赤金気の相生＝二、五、八、六、一

すなわちこの場合、本命と月命に共通する相生の気は五、八、六であることがわかる。つまり二黒にとって五、八は中吉、六、七は小吉であり、七赤にとって二、五、八は大吉、六は中吉である。

このひとの相生の気が五、八、六だとわかれば、選ぶ相手の本命・月命が、この数字の組み合わせからできている場合に、相生で吉となるわけだ。たとえば五・八とか八・六、もしくは六・五とか五・六でもいい。

しかし、相手の本命がいつもこんなにつごうよくいくことはめったにない。加うるに、人間の性格はすべて五行・九気によって決められるというような単純なものでない。遺伝、環境、教育など、多くの要素がからみあって人格がつくりあげられることはいうまでもない。

方位の吉凶が決められる根拠は

方位・方角がいいとか悪いとかいう問題は、五行易つまり気学に関心のあるひとたちにとって、最も重要な事柄になっている。しかしここでは、その講義や説明をしているのではないから、どんな考え方によって方位の吉凶がきめられるのか、あらましだけを述べることにする。

西とか東という方位そのものには、吉凶のあるべきものでない。ただ転地・転居や旅行などで移動することがある

と、その方位によっていい場合もあれば、悪い場合もあるとされている。行動をおこす方位によって吉ともなり、凶ともなるのであって、「吉凶悔吝《かいりん》は動より生ず」ということばは、そのことをさしている。

では、東へ行動したとする。このばあい気学上で問題になるのは、その東に在泊するところの気が何であるかであって、それによって吉凶がきめられる。

洛書方陣と遁甲のことはすでに述べてあるが、それによると、五黄土気が中央にあるとき、すなわち五黄の年、もしくは五黄の月には、東へ三碧木気のきていることがわかる。しかし翌年、もしくは翌月になると、中央が四緑木気になり、遁甲の順序にしたがって東へは二黒土気がくる。

だから、東が三碧だったとき、たとえば六白金気や七赤金気のひとには凶であっても、二黒に変わると東が吉になるし、その反対にもしも一白水気のひとならば、東が三碧のときは吉だったが、二黒に変わると、その東は凶になる。つまり、東という方位そのものに吉凶があるのではなく、東へ遁甲してきている気に対して、自分の本命が相生であれば吉、相剋であれば凶となり、方位の吉凶は自分の本命と、行動をおこす時日によって左右されるという考えだ。

いまは仮りに東のばあいをいったが、四正・四隅の各方位とも、中央の気が変わるにしたがって、在泊する気も順に変わってくる。その変化は一白から九紫までの九とおりあるわけで、それをまとめて示すと次頁のようになる。

このように方位の吉凶をみるばあいは、そこに在泊する九気と本命の相生・相剋によるのが原則であるけれども、それ以外に、いくつかの凶方とされているものがあり、とくに暗剣殺と五黄殺は避けて用いるべきでないといわれる。

暗剣殺は、中央に入った九気の、その本宮に暗剣殺の作用がおこるというのだが、これではわかりにくいので、五黄土気の対中（むかいがわ）に暗剣殺があると考えればよい。二黒の年を例にとっていえば、二黒の本宮である坤に

巽		南		坤
	六	二	四	
東	五	七	九	西
	一	三	八	
艮		北		乾

巽		南		坤
	三	八	一	
東	二	四	六	西
	七	九	五	
艮		北		乾

巽		南		坤
	九	五	七	
東	八	一	三	西
	四	六	二	
艮		北		乾

巽		南		坤
	七	三	五	
東	六	八	一	西
	二	四	九	
艮		北		乾

巽		南		坤
	四	九	二	
東	三	五	七	西
	八	一	六	
艮		北		乾

巽		南		坤
	一	六	八	
東	九	二	四	西
	五	七	三	
艮		北		乾

巽		南		坤
	八	四	六	
東	七	九	二	西
	三	五	一	
艮		北		乾

巽		南		坤
	五	一	三	
東	四	六	八	西
	九	二	七	
艮		北		乾

巽		南		坤
	二	七	九	
東	一	三	五	西
	六	八	四	
艮		北		乾

暗剣殺がおこり、その対中に五黄がきていることは、前頁の図によってもわかるとおりだ。いいかえると、二黒の年には坤に八白が在泊して暗剣殺となり、その対中の艮には五黄殺があって、この二つの方位は用いてならないとされるわけだ。

ところで、相生の吉方を用いたらどんなことになるのか、また相尅の凶方を用いたらどんなことになるのか。それはその方位に在泊する九気の性質によって判断されるわけであって、一白には一白の性質や現象がおこり、以下二黒から九紫まで、それぞれの性質や現象があるとされている。それらの性質や現象は、易の『説卦伝』に記されたことを土台として、さらにそれを拡大解釈したものである。

もちろん、『説卦伝』では一白、二黒、三碧という九気の用語が、そのまま使われてはいない。用いられているのは乾・兌・離・震・巽・坎・艮・坤の八卦であって、この八卦に当てるものとして、六白、七赤、九紫、三碧、四緑、一白、八白、二黒を当てはめており、五黄は別にして中央に置かれたのである。

地相と家相の判断のしかた

中国には「青竜、白虎、朱雀、玄武を天の四霊とし、以て四方を正す」ということばがある。青竜は東方、白虎は西方、朱雀は南方、玄武は北方の別名であって、これらの四方ともに理想的な地相の土地を「四神相応《しじんそうおう》の地」といっている。

では、どんな地相が理想的と考えられたかというに、だいたいつぎのような条件があげられている。まず東では、東方にむけて低く、そこに流水のあるをよしとし、しかもその水が巽にむかって流れるならば申し分ないとされた。西方についていうと、そこが高地になっていて、その西に大道のあるのが好ましい。「西に人馬の音を聞く」ということばがあって、西方に諸人通行の道路があると金運のさかんになる地相といわれた。

南方にかけては、なだらかに低くなっているのを朱雀の地といい、これは知能と高貴の地相とされた。京都以前の帝都であった平城京（すなわち奈良の都）に「朱雀通り」というのがあったのは、この地相にもとづいたものである。北方は土地が高くなって、丘陵のあるのを玄武の地といい、これは後援・加護をうける地相とされた。

東から巽にかけて流水のあるのを吉相とし、また西が金運をつかさどる地相としたりするのは、五行からきた考え方であることはいうまでもない。また南方が低くひらけていれば日当たりがよいし、北方の高いのは陰寒の気を防ぐことになり、これまた理の当然だろう。

しかし、四方ともに理想的な四神相応の地などは、ごくまれにしか見られない。東京についていえば、丸ノ内と日本橋付近はほぼこの地相であって、とくに皇居を中心とした丸の内地区は、東方の本所・深川にむかって土地が低くなり、そこに隅田川という流水がある。西方は山手の高台となって、山手線の交通路があり、南は品川湾にむけてなだらかな低地となっているのに反し、北は本郷方面の高台になっている。

しかし同じ東京でも、本所・深川のような江東地区になると、隅田川が反対の西にあたるので、いきおい地相がちがうことになり、土地の繁栄ぶりにも影響をおよぼすという理屈になる。

理想的な地相がある一方、その反対に凶相の土地もある。なかでも最もわるいのを「三愚の地」といい、それは南が高く、北に低く、さらに巽が高く、乾に低く、しかも北に流水のある地相をさしている。まえの吉相とは、正反対になっていることがわかる。

平清盛は東山の六波羅に本城を築いたが、ここは西に賀茂川が流れ、東に山をひかえているので三愚の地相にちかいといわれ、西に賀茂川があることによって財を築港に投入し、奢侈に流れて滅んだと判断されている。また秀吉が築いた大坂城は、西が海、東に高く、北に川ありで、これも凶相だろうし、織田信長の安土城は、西・乾・北の三方が琵琶湖にかこまれ、しかも東・巽が高いので、これまた凶相にちがいない。こうみてくると、四方ともに吉相の土地は、めったにないことがわかる。

地相や地形に吉凶があるばかりでなく、最も人間にかかわりのふかいのは、家相とされている。

家相に吉凶をもたらすのは、要するに保気の作用であって、張りがあれば保気は豊かになって吉となるし、欠けがあるとそれだけ保気がすくないので、凶とみられるわけだ。そしてその張りや欠けが、どんな結果をもたらすかについては、これまた五行易を土台にして判断することになっている。

たとえば東の吉相に住んでいると、子女の教育が順調にゆき、客人の出入りが頻繁になり、商店ならば商品の宣伝がゆきとどいて回転がよくなる。東に対して西はどうかというと、西の張りがあまり大きいのはよくないのであって、大きい窓や出入口があるのは感心しない。また南の吉相は、学者、医師、画家などに適しており、北の吉相に住んでいると、病気にかかっても回復するのが早い、などといわれる。総じて庭内に井戸や水溜りのあるのはよくないが、とくにそれが北にあるとガンやキンシュの病人をだしやすいとされている。

ところで、こうした家相上の判断は、期せずして民間の俗信と合っているところが多い。わが国ではむかしから「巽張《たつみば》りの乾倉《いぬいぐら》」の家相がよいといわれてきたが、巽（東南）に張りがあり、乾（西北）に堅牢の倉のあることは、採光・通風のうえからも合理的なわけである。

また艮（東北）は俗に「鬼門」といわれて怖れられ、この方位に改築、増築するのはよくないといわれたが、これも家相学から判断して理のないことではない。また鬼門の反対がわにある西南を俗に裏鬼門とよび、とくに大きな張りがそこにあるのは嬶《かかあ》天下の家相とか、後家《ごけ》相の家とされたが、これも坤（ひつじさる）の作用という考えからきたものである。

しかし、なんら根拠のない俗信も、しばしばおこなわれている。たとえば八畳四間《よま》はシニケンと称して嫌われるので、地方の旧家などには、一寸ぐらいずらして造られた家がある。シニケンのシは、死に通じるからだろう。また七畳半の部屋をつくると主婦が病気になるといわれる地方もあったが、こうした畳数の迷信を信じるものは、もうほとんどいなくなっただろう。

畳数は論外としても、家相に吉凶のあることはたしかなようで、むかしから「居は気を移す」とか「居はその性を定む」ともいわれてきた。そして孟母三遷の故事でもわかるように、中国でも住居への関心はふかかったが、易が輸入されて以後、わが国では独自の宅相学というものができて、経験と研究がつみかさねられた。しかし江戸末期になると、その宅相学を過信するあまり、迷信と迷路にはまりこんでしまった。それらの迷信は、もはや通用しなくなったけれども、五行易の研究者にとって最も興味をそそられるのは、やはり家相の分野である。なぜならば、家相とその居住者を観察することによって、判断の適否が実証されるからである。

日本のうらない

うらないと易の字義――ふとまに――くがたち――うけいゆ――夕占――辻占――足占――石占――櫛占――橋占――歌占――年占――粥占――炭占――からす占――夢占――夢枕――鳥占――開典占――琴占――墨占――サイコロ占い――ソロバン占い――杖占――畳算――江戸の売卜者

「うらない」というコトバの由来

「うらない」には「占」とか「卜」という漢字をあてはめているが、うらないという言葉は純粋の日本語、すなわちやまとことばであって、一方、易というのは中国からきたことばである。

うらないというのは「裏合（うらない）」のことで、ウラは裏に通じ、表に現われない心の意味である。物事の表面にあらわれていない裏の裏を知ろうとすることで、裏合はまた心合（うらない）とも書かれる。それとなく相手の心中を探りたずねることを「裏問《うらどい》掛ける」といい、これを「心問掛ける」と書くこともある。つまり物事の裏には内心が潜んでいるのであって、それを探り知ることがうらないということになろう。

一方、易の字は、中国の古い鐘などに刻んであるところをみると、虫の象形文字だったことがわかる。漢の許慎があらわした『説文《せつもん》』は約一万の文字を収録し、字源学に先鞭をつけた大著であるが、その『説文』によると、「易は蜥易《せきえき》、蝘蜓《えんてい》、守宮《しゅきゅう》なり」とある。

蜥易はトカゲ、蝘蜓はイモリ、守宮はヤモリで、壁などにたかっているのを蝘蜓、くさむらにいるのを蜥易と、はっきり区別している。これによって易の字をみれば、虫の首が日で、下体の四足を勿にかたどったことになる。この生物は昼夜十二時、時の変わるごとに変色するものといわれた。すなわち時の変化、自然の変化に応じて変易するものが易という意味をあらわしている。

こういう象形文字と考える説に対して、また別の考えかたをした説がある。すなわち易の字は日の下に月を書いたもので、日月の陽陰剛柔をあらわしたというのである。

この日月説をつよく主張したのは、同じく漢の魏伯陽であって、このひとが撰した『周易参同契《さんどうけい》』には「日月を易と為す。剛柔相当る」とある。同じ考えだったひとには虞翻《ぐほん》があり、また易の末書といわれる『緯書《いしょ》』でも、同じようなことを説いている。

しかし、中国文字が象形文字であるという建て前からすると、日は日輪にかたどり、月は半月をあらわしたと解してよいが、易の字にかぎり、物象を根拠とせずに、日月の文字から合成したというところに不合理なものを感じはしまいか。その意味では、易を虫の象形文字と解するほうが自然のようである。

易に変易の意味があることはすでにふれたが、その一義にとどまらないことを主張して、鄭玄の『易緯乾鑿度《えきいけんさくど》』では、こういっている。

「易は一名にして三義を含む。易簡《いかん》一なり、変易《へんえき》二なり、不易《ふえき》三なり。」

そして易簡は万物の徳を、変易はその気を、不易はその位なりといっている。

天は上にあり、地は下にあり、君は南面し、臣は北面し、父は坐し、子は伏すといい、それは不易するものとして、万物の変わらない位を示している。しかし、宇宙の万物は千変万化してやまないものである。日月昼夜の運行、四時寒暑の変化、人生の有為転変は、すべて気の変易である。そして、これらの天地間に行なわれる変易の理法は、易簡なるときに知りやすく、従いやすいものである。知りやすければ親しみあり、従いやすければ功あることになる。これが易の三義というわけだ。

古くからある占い方のいろいろ

日本のうらないで最も古くからのものに、フトマニのあったことはすでに詳述したが、それは鹿の骨をやいたもので、のちには中国と同じように亀甲を用いたこともある。しかし鹿や亀甲が入手できるのは天子や特権階級に限られており、それが入手しにくいひとたちは、鶏の骨をやいてうらなうこともあった。両眼の骨の上に孔があって、やきあげたのが人の形に似ているのを吉とし、そうでないのを凶とした。鶏の骨占いをする方法は、おもに悠紀《ゆき》・主基《すき》の新穀を奉る土地をきめるときに用いられた。大嘗祭のときに奉る神饌は、特定の田で作られるのであって、祭場の東方にある田を悠紀といい、西方にある田を主基というのであった。

鹿が多く棲息していた昔の関東地方では、鹿の骨がよく用いられていた。そのことはフトマニの章に引用した万葉歌を読んでもわかるが、ほかにもまだうらないをよんだ万葉歌がある。

卜部《うらべ》をも八十のちまたも占問へど
　君を相見むたどき知らずも
言霊《ことだま》の八十のちまたに夕占《ゆうけ》問ふ
　占正《うらまさ》に告《の》れ、妹《いも》にあはむよし

「君を相見むたどき知らずも」というのは、うらなってはみたが、君と相逢う手だてはわからないという意味だ。「たどき」は「たづき」ともいわれ、方法、手段のことである。

万葉の初期は七世紀に属し、奈良朝以前であったから、そういう古い時代にも、すでにうらないがおこなわれていたわけである。さらに、さかのぼって推古朝以前には、神判の一種として「くがたち」というのがおこなわれていた。

くがたちには「探湯」という字が当てられている。犯罪者があったとき釜に湯をわかし、その中にある小石や砂を被疑者にとらせて、その手がただれるか否かによって正邪真偽を判定するものであった。その被疑者は探湯にさきだって神に誓いをたてて、もし虚偽や邪悪がなければ被害せず、害をうけるならそれは神罰のあらわれだと誓いをするので、この方法を「盟神探湯」とも書かれた。

これと同じような判定法として、うけいゆ（誓湯）というのもあったが、いずれにしても正邪の判定には人間が直接関与せず、それを不可抗力にまかせるというものであった。しかし奈良・平安の時代になると、もはやこんな幼稚な判定法はおこなわれなかったようである。

前記の万葉歌に、夕占ということばがあるが、つまり辻占《つじうら》のことである。辻占は、日が暮れかかって通行人の顔がはっきり見えなくなる夕刻におこなわれたので、夕占ともいわれたのだ。町の辻に立って「辻や辻　四辻が占《うら》の市四辻　占正《うらまさ》しかれ辻占の神」とか、または「百辻《ももつじ》や　四辻が中の一の辻　占正しかれ辻占の神」という文句を三べんとなえて、通行人の三人目にあたる人のことばを聞きとり、それによってみずから吉凶をうらなうのであった。

中世には、辻占というよりも夕占ということばのほうがよく用いられたようだ。『大鏡』には、太政大臣藤原兼家の娘、超子《ちょうし》がまだ若いとき、ふと京の二条大路で見かけた老女から夕占してもらうくだりがある。その白髪の老女は姫をうらなって「この大路よりも広く長く栄えさせたまふべきぞ」と告げたとあるが、その超子はのちに三条天皇の母、贈皇后宮にまでなっている。

この辻占は、江戸時代以降になると、単に街頭で辻占売りの売るアブリ出しを買ってみるだけのものになった。白紙のうえに明礬や塩化コバルトの溶液で書かれた文字などを火であぶり出して見るのであって、一種のお座興的なものになった。

また万葉歌には足占《あしうら》（略してあうら）をよんだのもある。

月夜には　門に出で立ち　夕占《ゆうけ》問ひ
足占《あうら》をぞせし　行かまくを欲り

月夜好み　門に出で立ち　足占《あうら》して
行く時さへや　妹《いも》に逢はざらむ

足占というのは、前もってきめておいた距離を歩行する足数によって占うのであって、またあらかじめきめられた文句を唱えながら歩き、その足を止めたときの一語によってうらなうこともあった。

石占《いしうら》もふるくからおこなわれた。石を投げるとか、石を踏むものという説もあるが、石を持ちあげるうらないだったようである。神社の境内などに置かれた手ごろな石を力石として利用し、それが持ちあがれば願いごとがかない、持ちあがらねば凶と判断された。筆者の知人には、これと似たうらないをする婦人がいて、たずさえてきた木彫りの大黒様を前に置き、願いごとを念じてからその木像を両手で持ちあげるのだが、もしも不吉のばあいは、どうしても持ちあがらないといっていた。

石占ということばも、万葉歌の長歌にでてくる。

　夕占《ゆうけ》問ひ　石卜《いしうら》もちて　わが宿に　御諸《みもろ》を立てて　枕辺に斎瓮《いわいべ》を居《す》え

とあるのがそれで、斎瓮は神酒を盛る陶器の壺のことである。

通行人のことばから吉凶の判断をした点では、櫛占《くしうら》も辻占や夕占と同類であった。

これは婦女子のおこなう占いで、黄楊《つげ》の櫛を手に持って辻に立ち、「あふことを問ふや、夕占《ゆうけ》のうらまさに　つげの小櫛も　しるし見せなん」という古歌を三べんとなえ、道祖神を念じながら散米して櫛の歯を鳴らし、一定の境界を画してから、その境内にきた人のことばを聴取して吉凶を判じるのであった。

辻占と同じやり方であるが、ただ場所を変えて、橋のたもとに立って通行人のことばから占うのを橋占《はしうら》といった。

土木工事の幼稚であった昔は、架橋することが困難であると同時に、犠牲者も多くでた。それで橋のたもとには、よくホコラや碑が立てられることがあり、そういう場所が橋占に使われるのであった。

中世には辻占と同様、橋占もよくおこなわれたものとみえて、『宇治百首』にはつぎのような古歌がのこっている。

　なぐさめて　うらとふ橋よ　まさしかれ
　　つれなき中を　みても渡らん
　思ひかね　うらとふ橋よ　まさしかれ
　　世の人ごとを　たのみ渡らん

要するに辻や橋は未知の霊魂が去来する場所として、神秘的に考えられていたようだ。

中世に流行したうらないとしては、歌占《うたうら》というのもあった。いろんな歌の文句、たとえば万葉歌などを書いた短冊を、白木で作った小弓の先につけておき、短冊の一つを引かせてから、その歌の文句から判断してうらないをたてるのであった。

謡曲のなかには「歌占」と題する四番目物がある。これは伊勢、二見ケ浦の巫子《みこ》が北陸路に下り、白山の麓にちかいところで歌占をしていると、その占いによってはからずも生き別れになっていた親子が対面するという物語になっている。

若い男女にとっては恋占いも必要だろうが、農家にとって気になることは収穫の多寡である。年占《としうら》や粥占《かゆうら》は、そのためのものであった。

年占や粥占をするのは、たいてい年のはじめ、一月十四、五日の小正月であって、東北地方では、それをトシミともいった。その年の吉凶をみるという意味だろう。白米を入れた枡のうえに三つの小餅をのせて、さらにそのうえから鍋のようなものでかぶせておく。三つの餅は早中晩の三種の稲に見立てたものである。翌朝、ふたをとってみて、餅に付いている米粒の多いのが、豊作と考えられるのであった。

粥占のばあいは、小正月に粥をたき、その中へ十二カ月の数だけ細い竹管を立て、その管の中に入った粥の粒が多いほど豊作で、あまり少ないと凶作と判断された。元来は村落一同、または一族の本家で試みるのであったが、共同体の結束が弱まり、めいめいの家でうらなうと、いきおい吉凶がまちまちにでたりするので、急速にこのうらないはすたってしまった。

米作地帯でなく、山の仕事を主にしている人たちのあいだでは、年のはじめ、正月の八、九日ごろまでに入山することを初山《はつやま》といって、とくにだいじにした。仕事始めをする場所に注連《しめなわ》を張ったり、餅や酒を供えることもあった。炭占（灰占）をするのは、たいていそんなときであって、数種の木を燃やし、それが灰になった具合によって、月の天候を判断したりすることがあった。

だいたい、カラスの啼き声は不吉なものとされていたが、関東地方の一部では初山のときに、カラスうらないをするところもあった。大声をあげて「カラス来い、カラス来い」とよびよせ、餅を与えてからその喰い方によって吉凶を判断したり、また農家であれば裏庭あたりに三カ所の場所をえらび、地上へ紙を敷いてから米を供え、すこし離れたところから大声でカラスをよびよせ、三カ所のついばみ方によって播種を早中晩のいずれにするかをきめることもあった。

前述のように、初山は山の人にとって重要な行事であったが、マタギたちも山入りをするときは、その日時をうらなったものといわれる。マタギは、岩手、秋田、山形あたりの山岳地帯に住むかりうどのことで、仲間の指導者格であるシカリの家に集まり、神前の御灯明の揺れぐあいをシカリ自身が見てうらなうのであった。あかりの揺れが大きければ、山の荒れる前兆とみたものらしい。

おもしろい占い法

さまざまなうらないのなかで、最も興味のあるのが夢占いで、中国でも夢占いについての伝説がいろいろある。黄帝といっても、これは実在の天子ではなかったらしいが、その黄帝は千鈞の重さのある弩《いしゆみ》を手にして羊を追いかけるという夢をみた。その夢から判断して、重い弩を手にするのは力であり、羊を追うのは牧であるから、力牧という者がどこかにいるにちがいないと考えた。はたしてその名の持ち主を探しだし、それを招いて名将にしたというのである。

また漢の高祖がまだ帝位につかなかったころ、一匹の羊をとらえて、その羊の角《つの》をぬき、尾を切り落としたという夢をみた。羊という字の角にあたる部分を取り去り、尾にあたる個所を落とすと、王という字になる。これはやがて王になる吉兆だろうと判断したが、はたして漢の王位についたのは、その後であった。

文字によって夢判断をするなどいかにも中国らしい話であるが、日本にもこれと似た話はある。後醍醐天皇は、童子が南の木を指しているところを夢にみたので、楠正成を笠置山の行在所に召し出されたとある。南朝の忠臣が夢によって召されたなど、これも夢のような話にすぎまい。

夢について科学的な考察をしたことで知られているのは、ドイツの精神分析学者フロイトである。フロイトは大著『夢判断』のなかで「夢は願望の充足である」と定義づけた。そして無数の例をあげて、そのことを証明しようとした。たとえば若い女性が月経の夢をみるときは、妊娠によって月経がとまっているからである。つまり、わずらわしい妊娠をするまえに、もう少し性的自由を楽しみたいと考えているので、その願望が夢になったと、フロイトはみるのであった。

夢について、さまざまな角度から考察したフロイトであるが、この科学者はついにうらない的な要素については、一顧だにしていない。いかにも合理主義に徹したドイツ人らしい考え方である。それに反して東洋人は、夢のなかに多くの夢を託することを知っていた。

夢見にも吉凶があって、「一富士、二鷹、三なすび」はいい夢であり、悪い夢をみたら「バクバク」ととなえて、その夢を獏《ばく》に食わせろといったのは日本人である。もちろん、なんら根拠のない話だが、そこには夢がある。また、お先祖さまが夢枕に立つのは、まつり方の足りないお告げだとか、歯のぬけた夢をみると身内に不幸があるとか、水に流される夢をみたり、赤馬の夢をみると火事にあう、などともいわれた。

夢占いには、正夢《まさゆめ》と逆夢《さかゆめ》があるとされているので、当たれば正夢、そうでないと逆夢ということになり、まことにつごうのいいことになっている。

夢枕に立ったという伝説で有名なものには、「善光寺縁起」がある。それによると、善光寺のできた由来は、夢枕に立った話からできている。

天竺（インド）の毘舎離国《ビシャリ》に月蓋《がっかい》長者という大金持がいて、阿弥陀仏のあつい信者であった。この長者は如来を供養した功徳により、生まれかわって百済の国王となり、号して聖明《せいめい》王と名乗ることになった。ところが、聖明王の夢枕に阿弥陀如来があらわれて、つぎのようにいった。

「私はいままで百済の国にながくとどまって多くの人を救ったから、こんどは日本へ行ってその国の人たちを救うことにしたい」といわれた。それで聖明王は如来の像を日本の欽明朝へ送りとどけた。

欽明天皇は群臣を集めて、外国の神をまつったものかどうかと御下問になった。即座に反対したのは大連物部尾輿《おおむらじもののべのおこし》であったが、大臣蘇我稲目《おおおみそがのいなめ》は「天皇の徳が高いからこそ異国の神も来られたのです」と建言したので、如来の像は稲目に預けられ、蘇我の屋敷内にお堂を建ててそこに安置された。

ところが、そのご疫病が日本国内に流行しだしたので、物部は「外国の神をおがんだりするから、日本の神々が怒って疫病をはやらせたのだ」といって、蘇我の屋敷を焼討ちすると同時に、如来像を持ちだして大坂、難波の堀へほうりこんでしまった。

そのご何年かして、信濃国の本田善光《よしみつ》というのが用事をもって都へのぼり、帰りがけに難波の堀へさしかかると、堀のなかから「善光！　善光！」と呼ぶ声がするのであった。ふと立ちどまると、水中から像が飛びあがり、善光の背中にひょいと止まった。そこで善光は郷里の伊那へくだんの像を運んできて安置していたが、ある夜、如来が善光の夢枕に立って「水内《みのち》の郡《こおり》、芋井《いもい》の郷《さと》に移りたい」と告げられた。それによって移されたのが長野市善光寺の始まりといわれ、これが縁起ばなしのあらましである。

ふるくから庶民のあいだでおこなわれたうらないには、まだいろいろあった。飛ぶ鳥の影が障子にうつると客人がくるなどとよくいわれたが、鳥の啼声や飛ぶ方角によって占うことを鳥占《とりうら》といった。

閉じた本を前におき、無心に念じてからパッと開いたページのさいしょに読んだ文句をとりあげ、それによってうらなうこともあった。開典占というのがそれであった。そのほかに琴占、墨占、サイコロ占い、ソロバン占いのようなものもあった。

いちばん簡単なものには、杖占（つえうら）や投げ銭などもある。杖占では、杖とか棒をまっすぐに立ててから倒し、その倒れ方によって行動をきめるだけのことだし、投げ銭では表がでればどうとか、裏がでればこうとかいうにすぎない。

一般にはよく知られていないが、江戸の花柳界では畳算《たたみざん》といううらないごとのはやったことがある。一時流行した江戸小唄の「夜の雨」というのには、こんな文句がある。

もしや来るかと畳算　紙で蛙のまじなひも　虫が知らせて　ともしびの　丁字もとんだ今じぶん　気まぐれざんす　ぬしの声

かんざしや煙管《きせる》のような物を畳のうえに投げだして、落ちたところから端まで畳の目をかぞえ、偶数の丁ならば待ち人が来るし、奇数の半ならば来まいとうらなったのが畳算である。紙で蛙の形を折り、それに縫針を刺して待ち人の来るように念じることもあった。蛙は「帰る」に通じるので、そんなことを考えだしたものとおもわれる。行灯《あんどん》の油がきれて灯芯が焼け落ちるのを丁子がとぶといい、「そんな夜更けに」とうたったものである。

江戸末期の大道易者と八卦見

このように多種多様なうらないがあったところから察して、たしかに江戸時代から明治にかけては、うらないが今よりもさかんなようであった。幕末のころ有名な家相の大家、尾島碩聞が江戸の小石川、伝通院前にいたことはすでに書いたが、自宅でなく、街頭にでて易をみる売卜者もなかなか多かった。

江戸末期の記録によると、売卜者の最も多く出る場所は筋違《すじかい》御門《ごもん》内（神田川と並んで都の北部にあった）から芝口新橋までの大通りであった。そのほか夜になると麹町、赤坂、四谷、芝愛宕下、浅草御門の内外、柳原の土堤ぞい、上野山下、本郷通りなど、人の多くでる場所には、きまって夜ともなると提灯や行灯をともして出店を張った。

店とはいってもお粗末なもので、三尺に六尺ほどの台のうえに筮竹と算木をならべ、その前に腰をかけているだけのものであった。白の木綿を蚊帳のようにして張りめぐらしているのもあったが、自木綿でかこいをしない易者は、たいてい笠をまぶかにかぶって顔をかくしていた。身なりはどうかというのに、ふるびた紋付に白い毛織の被付《ひふ》などを着た白ひげの老人も見かけたが、多くは縞の着物にふるい紋付を羽織り、一本の短い脇指を腰にして、いかにも武家くずれの浪人であるかのように見せかけていた。

こういうのは大道易者といわれたが、一戸の門構えをして売卜観相の看板をおもてに出しているのもあった。当時の大家として知られているのは、芝神明前の石竜子、浅草の青雲堂、親爺橋の白井卜星、南伝馬町の本国堂などであった。八卦見の表看板には易の字を象徴するものとして日月の二字が書かれていたり、もしくは泰卦の☷☰が門標にえがかれていた。浅草の御蔵前にいくと、大きい笠を門口につりさげて目じるしとした売卜師がいて、蔵前の大笠と呼ばれて人気があったということだ。しかし前記の石竜子などはとくに有名で、明治、大正と看板がつづいたから、いまでもその名前を記憶しているひとがいるだろう。

二十世紀の現代になっても占いがまったくすたったとはいえない。週刊誌のなかには今週の運勢と題する欄を設けて、読者獲得の方法にしているし、また東京でいえば銀座、新宿、浅草のような盛り場へいくと、横町にたむろしている易者ふうな男や、ときには女が何人もいて、人相や手相などをみている。町を流しているタクシーのフロントには、成田さんのお札やお守りをよく見かけるが、この種のまじないも、また心理的にはうらないと共通のところがある。

これからさき社会のいろんな状態が変わっても、うらないへの興味がなくなることはあるまい。なぜならば大部分の人間は明日への不安を抱くと同時に、おもいがけない運命への期待にこころをはずませているからである。

あとがき

『易経』は、有名な中国古典のなかでもとくに難解の書とされているが、それは文章として未成熟だった古代の書であることにも一つの理由があるようだ。それと同時に、これが占いについて書かれた書であるのか、それとも人として為すべき道を説いた書であるのか、いずれとも黒白をつけかねるような点があり、またそのいずれともとれるように自由に解釈のできる書でもある。

占いの書であるにせよ、人道の書であるにせよ、その根底には一貫して流れている「ものの考え方」があり、それがとりも直さずいくつかの特質や特徴となっている。そんな点にもふれながら、ここではできるだけわかりやすく易の話をのべたつもりである。

右にあげたように解釈の仕方には二通りあるけれども、別に占いで身を立てているわけではない私にとっては、易はつねに人道を説いた書であり、修養の書であった。だが、最も熱心に読みふけったのは三十余年前の昭和十七、八年ごろで、戦時色が濃厚になって、ほかに手のだしようもなくなったころである。『易経』の全訳を書きあげていくうちに、原稿用紙で千枚にもおよび、私にとってそれは当時の思い出として残ることになった。

それはそれとして、こんどこの書をかくにさいしては、ふるくから日本人のあいだにおこなわれてきた「占い」についても筆をすすめることにした。そうすることによって、庶民の生活のなかに、いかに根づよく易がはいりこんでいるかを語りたかったからである。

昭和五十年七月

服部龍太郎

著者紹介

服部龍太郎（はっとり　りゅうたろう）

＜著者略歴＞

明治33（1900）年静岡県生まれ。昭和52（1977）年没。

早稲田大学卒業後、新交響楽団（NHK交響楽団の前身）編集主幹、ニットーレコード洋楽部長、桐朋学園講師などを経て、洋楽・民謡・易学などの研究に専念する。易学の研究歴30年。

＜主要著書＞

『易と呪術』『モンゴル探検史』その他多数。

本書は昭和50年に小社にて刊行した『易と日本人』を復刊したものです。著者が逝去されたため、表記の統一など可読性を増すための改訂のみ行い、内容に関しましては原則として原本のままとさせていただきました。

2012年7月25日　初版発行　《検印省略》

◇生活文化史選書◇

易《えき》と日本人《にほんじん》

―その歴史《れきし》と思想《しそう》―

著　者　服部龍太郎

発行者　宮田哲男

発行所　株式会社 雄山閣

〒102-0071　東京都千代田区富士見2-6-9

TEL　03-3262-3231 / FAX　03-3262-6938

URL　http: //www.yuzankaku.co.jp

e-mail　info@yuzankaku.co.jp

振　替：00130-5-1685

印刷所　松澤印刷株式会社

製本所　協栄製本株式会社

ISBN978-4-639-02243-5 C0339

N.D.C.148　175p　21cm